# PORTFÓLIO

Aprendendo a ensinar/ensinando/aprendendo com o Povo Jarawara da aldeia Casa Nova

Editora Appris Ltda.
1.ª Edição - Copyright© 2021 das autoras
Direitos de Edição Reservados à Editora Appris Ltda.

Catalogação na Fonte
Elaborado por: Josefina A. S. Guedes
Bibliotecária CRB 9/870

| | |
|---|---|
| M464p<br>2021 | Maximiano, Claudina Azevedo<br>    Portfólio : aprendendo a ensinar/ensinando/aprendendo com o povo Jarawara da aldeia Casa Nova / Claudina Azevedo Maximiano, Alessandra de Souza Fonseca. - 1. ed. - Curitiba : Appris, 2021.<br>    131 p. ; 21 cm.<br><br>    Inclui bibliografia.<br>    ISBN 978-65-250-0245-3<br><br>    1. Indígenas - Educação. 2. Educação ambiental. I. Fonseca, Alessandra de Souza. II. Título. III. Série.<br><br>                                                    CDD – 370.89 |

Livro de acordo com a normalização técnica da ABNT

Editora e Livraria Appris Ltda.
Av. Manoel Ribas, 2265 – Mercês
Curitiba/PR – CEP: 80810-002
Tel. (41) 3156 - 4731
www.editoraappris.com.br

Printed in Brazil
Impresso no Brasil

Claudina Azevedo Maximiano (*Neme Boniraha*)
Alessandra de Souza Fonseca (*Manira*)

# PORTFÓLIO

Aprendendo a ensinar/ensinando/aprendendo com o Povo Jarawara da aldeia Casa Nova

**FICHA TÉCNICA**

| | |
|---|---|
| EDITORIAL | Augusto V. de A. Coelho |
| | Marli Caetano |
| | Sara C. de Andrade Coelho |
| COMITÊ EDITORIAL | Andréa Barbosa Gouveia (UFPR) |
| | Jacques de Lima Ferreira (UP) |
| | Marilda Aparecida Behrens (PUCPR) |
| | Ana El Achkar (UNIVERSO/RJ) |
| | Conrado Moreira Mendes (PUC-MG) |
| | Eliete Correia dos Santos (UEPB) |
| | Fabiano Santos (UERJ/IESP) |
| | Francinete Fernandes de Sousa (UEPB) |
| | Francisco Carlos Duarte (PUCPR) |
| | Francisco de Assis (Fiam-Faam, SP, Brasil) |
| | Juliana Reichert Assunção Tonelli (UEL) |
| | Maria Aparecida Barbosa (USP) |
| | Maria Helena Zamora (PUC-Rio) |
| | Maria Margarida de Andrade (Umack) |
| | Roque Ismael da Costa Güllich (UFFS) |
| | Toni Reis (UFPR) |
| | Valdomiro de Oliveira (UFPR) |
| | Valério Brusamolin (IFPR) |
| ASSESSORIA EDITORIAL | Evelin Louise Kolb |
| REVISÃO | Cindy G. S. Luiz |
| PRODUÇÃO EDITORIAL | Jhonny Reis |
| DIAGRAMAÇÃO | Daniela Baumguertner |
| CAPA | Daniela Baumguertner |
| COMUNICAÇÃO | Carlos Eduardo Pereira |
| | Débora Nazário |
| | Karla Pipolo Olegário |
| LIVRARIAS E EVENTOS | Estevão Misael |
| GERÊNCIA DE FINANÇAS | Selma Maria Fernandes do Valle |
| COORDENADORA COMERCIAL | Silvana Vicente |

# AGRADECIMENTOS

O nosso agradecimento mais profundo ao Povo Jarawara, em particular à aldeia Casa Nova/Nascente, pelo acolhimento e, sobretudo, por nos ter desafiado a construir de forma coletiva o Curso Técnico em Florestas para o Povo Jarawara. Com certeza, aprendemos muito mais que ensinamos.

Agradecemos à FUNAI, Coordenação Regional (CR) e Coordenação Técnica Local (CTL) do Médio Purus, pelo apoio e acompanhamento de todo o processo do curso. São muitos os envolvidos, a lista de agradecimentos seria extensa e por isso, representando todos os servidores e colaboradores da FUNAI que nos auxiliaram, queremos deixar registrado, em destaque: Marco Antonio Cordeiro Mitidieri, Luiz Carlos Lages Sarmento Albuquerque Marques, Brenda Capelari, Zé Bajaga Apurinã (na carteira de identidade, José Raimundo Pereira Lima) e Luiz Fernandes de Oliveira Neto, que em momentos diferentes do processo do curso estiveram presente e nos ajudaram na construção e efetivação do curso.

Ao IFAM, Reitoria, pelo apoio e aprovação do curso, em destaque ao professor Antônio Venâncio Castelo Branco (*in memoriam*). À Direção Geral do campus Lábrea, pela condução do processo, na pessoa do Diretor Geral, Francisco Marcelo Rodrigues Ribeiro.

# APRESENTAÇÃO

A proposta deste material é socializar a experiência de aprendizagem realizada por duas professoras do curso técnico em Florestas, concomitante ao ensino médio, para o Povo Jarawara, do Instituto Federal de Educação, Ciência e Tecnologia do Amazonas – campus Lábrea.

Esse curso técnico foi construído a partir das diretrizes da educação escolar indígena, partindo da Constituição Federal de 1988 (CF/88) e de todo o histórico de luta desses povos por meio do movimento indígena. É um curso diferenciado, intercultural e bilíngue, respondendo às normas da legislação brasileira asseguradas na CF/88, na Lei de Diretrizes e Bases da Educação, Diretrizes Curriculares Nacionais para a Educação Escolar Indígena. Esta obra constitui a partir do que podemos considerar um novo paradigma no contexto do Instituto Federal de Educação, Ciência e Tecnologia do Amazonas (IFAM).

As aulas são realizadas num contexto bilíngue, num diálogo aproximativo entre língua portuguesa e língua Jarawara, considerando o princípio do bilinguismo, pautado na relação professor-aluno, por meio da figura do aluno mediador.

As aulas acontecem em módulos, a partir da metodologia da alternância, para garantir o processo de pesquisa integrado à dinâmica do curso. O projeto do curso aponta para o processo dialógico entre os docentes e técnicos e o Povo Jarawara e, por conseguinte, do Povo Jarawara com os professores e técnicos envolvidos no processo de formação. A Lei de Diretrizes e Bases destaca a questão da recuperação das memórias históricas, a reafirmação de suas identidades étnicas, a valorização de suas línguas e ciências, além de garantir aos indígenas, suas comunidades e povos, o acesso às informações, conhecimentos técnicos e científicos da sociedade nacional e demais sociedades indígenas e não índias. A partir dessa premissa, o curso técnico em Florestas constitui-se num processo de aprendizagem para o IFAM, campus Lábrea, enquanto instituição de ensino que busca o atendimento de demandas específicas relacionadas aos povos e comunidades tradicionais da Amazônia na região conhecida como Médio Purus, compondo uma grande "Escola-da-Troca", "Escola-Diálogo", promovendo a troca de saberes.

Neste primeiro volume intitulado *Aprendendo a ensinar/ensinando/aprendendo com o Povo Jarawara da aldeia Casa Nova*, apresentamos a experiência vivida por duas professoras no primeiro ano do curso, ocorrido em 2019. A proposta é socializar um pouco dessa construção coletiva que está sendo o curso técnico em Florestas para o Povo Jarawara.

As autoras

# SUMÁRIO

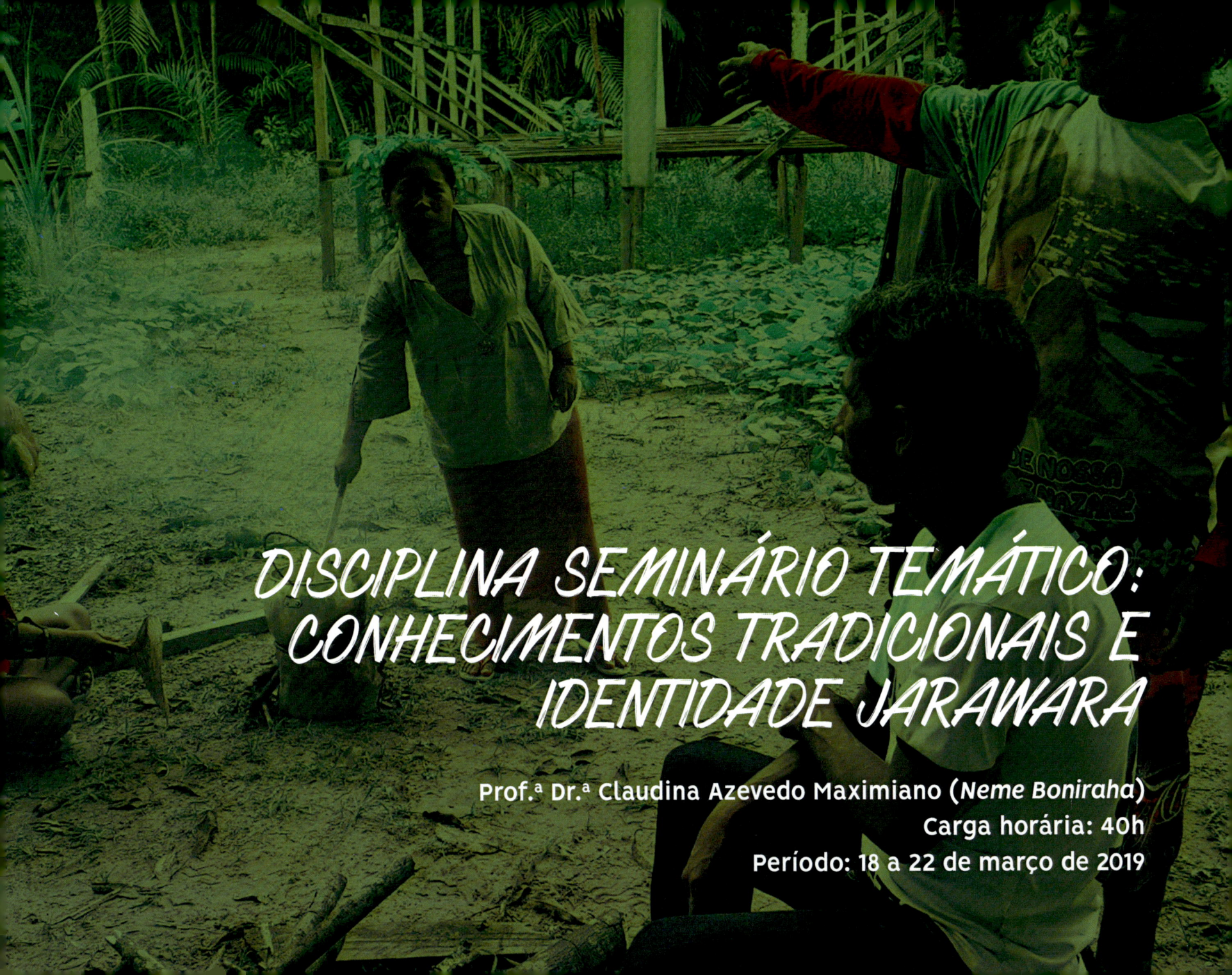

# DISCIPLINA SEMINÁRIO TEMÁTICO: CONHECIMENTOS TRADICIONAIS E IDENTIDADE JARAWARA

Prof.ª Dr.ª Claudina Azevedo Maximiano (*Neme Boniraha*)

Carga horária: 40h

Período: 18 a 22 de março de 2019

# *YAMA KABANI, FAHA EBOTE E TABÓRA*

## A VIDA DOS JARAWARA PRECISA DA FLORESTA, DO RIO E DA ALDEIA

CAMINHADA PELA ALDEIA — CASA NOVA

Pista de pouso: Foi construída por iniciativa da FUNAI e dos Missionários há mais de 30 anos.

Os Jarawara derrubaram as árvores e retiram os troncos. Também fizeram o nivelamento da pista. Alguns alunos do curso eram crianças e ajudaram a construir a pista.

A primeira casa de madeira igual à dos *Yara* (não indígena)!

Foi construída depois da observação atenta de como os *Yara* faziam a construção. Depois que viram que sabiam, construíram a primeira casa de madeira parecida com a dos *Yara* na aldeia Casa Nova.

# FATARA (O ROÇADO)

As roças são coletivas. Os que não podem fazer a sua ajudam os outros e, assim, podem compartilhar da produção. Antes, os Jarawara não faziam farinha, comiam mandioca cozida, assada e faziam o *iyawa* (colorado), feito da macaxeira.

Os Jarawara plantam macaxeira, mandioca, abacaxi, banana, pupunha, dentre outros alimentos, e têm uma atenção ao sina, planta utilizada para fazer o rapé.

Antes de chegarem à aldeia Casa Nova e Nascente, os Jarawara viveram na aldeia do Lago Buritirana, Copaíba e Boa Vista no Igarapé Preto.

O deslocamento dessas aldeias foi motivado pela ação dos "patrões", os donos dos seringais, que compravam a sorva, a seringa e a copaíba. Na aldeia do Lago Buritirana, o patrão era o senhor Manoel Salgado.

Em busca de explorar outros seringais, os Jarawara chegaram ao local em que construíram a aldeia Casa Nova e, em seguida, a Nascente. A aldeia Nascente está próxima ao lago que dá acesso ao Rio Cainã, onde havia outro seringal pertencente ao senhor Nacisío.

Outro dado importante é que a chegada dos missionários e a construção da pista de pouso mudaram a forma de organização espacial da aldeia. Antes, a posição das casas era mais circular, com o terreiro no meio. Hoje, as casas ficam em linha reta paralela à pista. O terreiro era utilizado para as festas. Durante o *Xingané,* a menina usava o *karakisi*, instrumento musical (chocalho) colocado na perna próximo aos pés e ao atrito dos pés no chão fazia um ruído, ritmando a dança. Hoje, com a grama (*masiri*) da pista de pouso, essa sonoridade já não se destaca.

# HIYARABITE

### Histórias Jarawara

A seguir, a sequência de desenhos produzidos pelos alunos contando a história do roçado *fatara*.

# Surgimento do Plantio Jarawara

Jarawara meka yamata kawasi matamonaka

Nome:
Tatiago
Jose Manoel
Daniel

Povo Começava Reuni Pra Começar Roça

Me hiyare mete moneke Fataro me hirinabone mã

Linda Jaqueline e Edineia

Os Jarawara não sabia fazer roçado... A história mostra como aprenderam a fazer roçado.

Brocar o roçado é derrubar as árvores que estão na área onde vai ser feito o plantio.

Depois que se derruba, colocam fogo para uma primeira limpeza do local. Em seguida, tiram-se alguns troncos, outros ficam para proteção das espécies que serão plantadas.

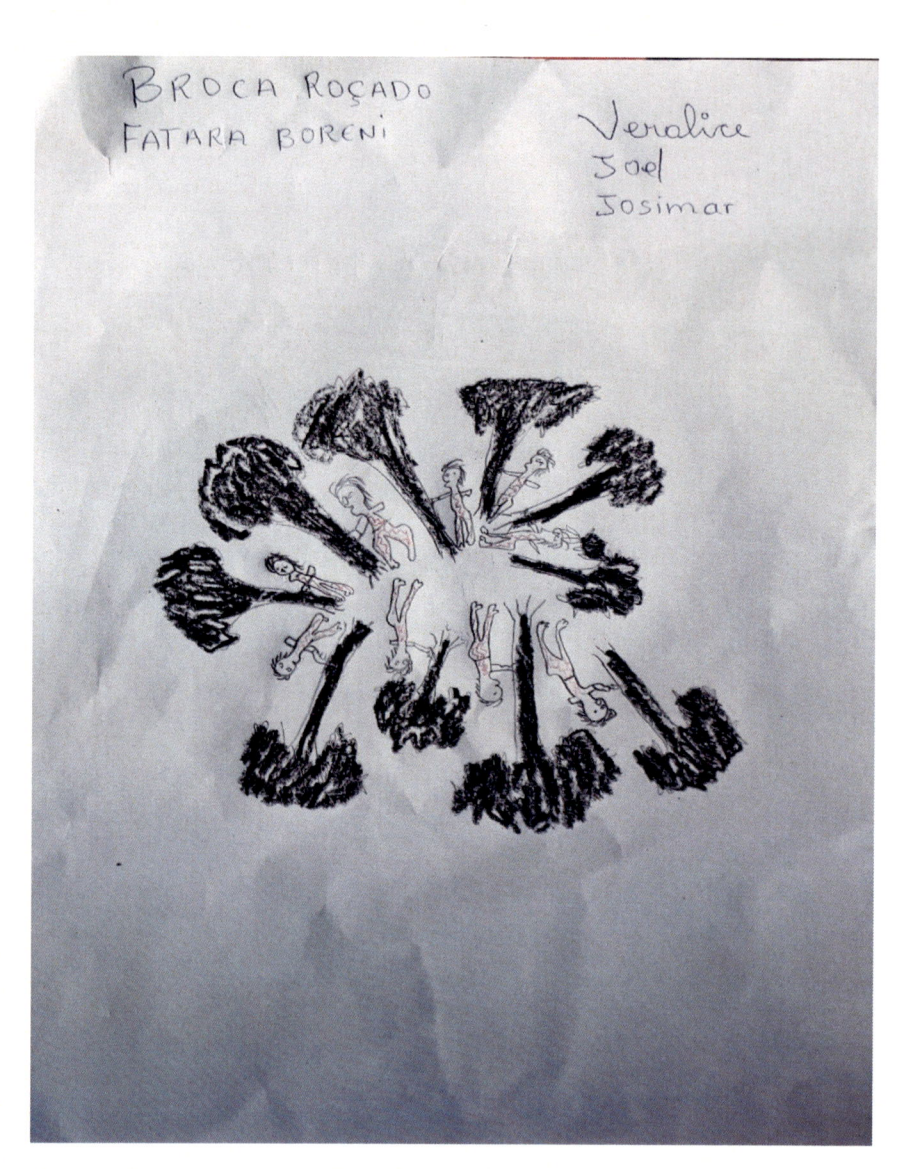

BROCA ROÇADO
FATARA BORENI

Veralice
Joel
Josimar

Roçado está pronto
Fatara hawatoha i taharo

O roçado Jarawara!!! *Nosso fatara.*

TOCAR FOGO
SARI KANAHARO

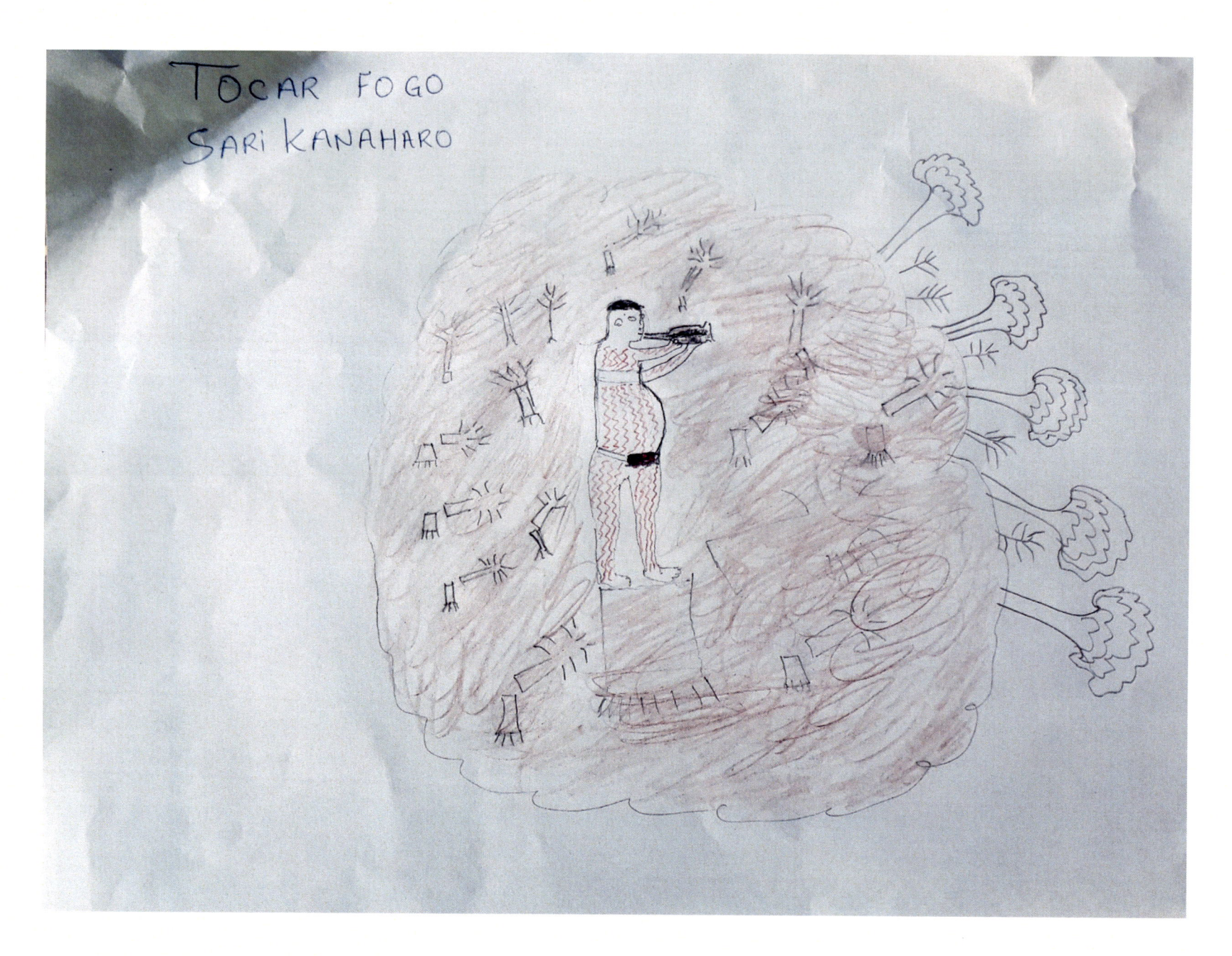

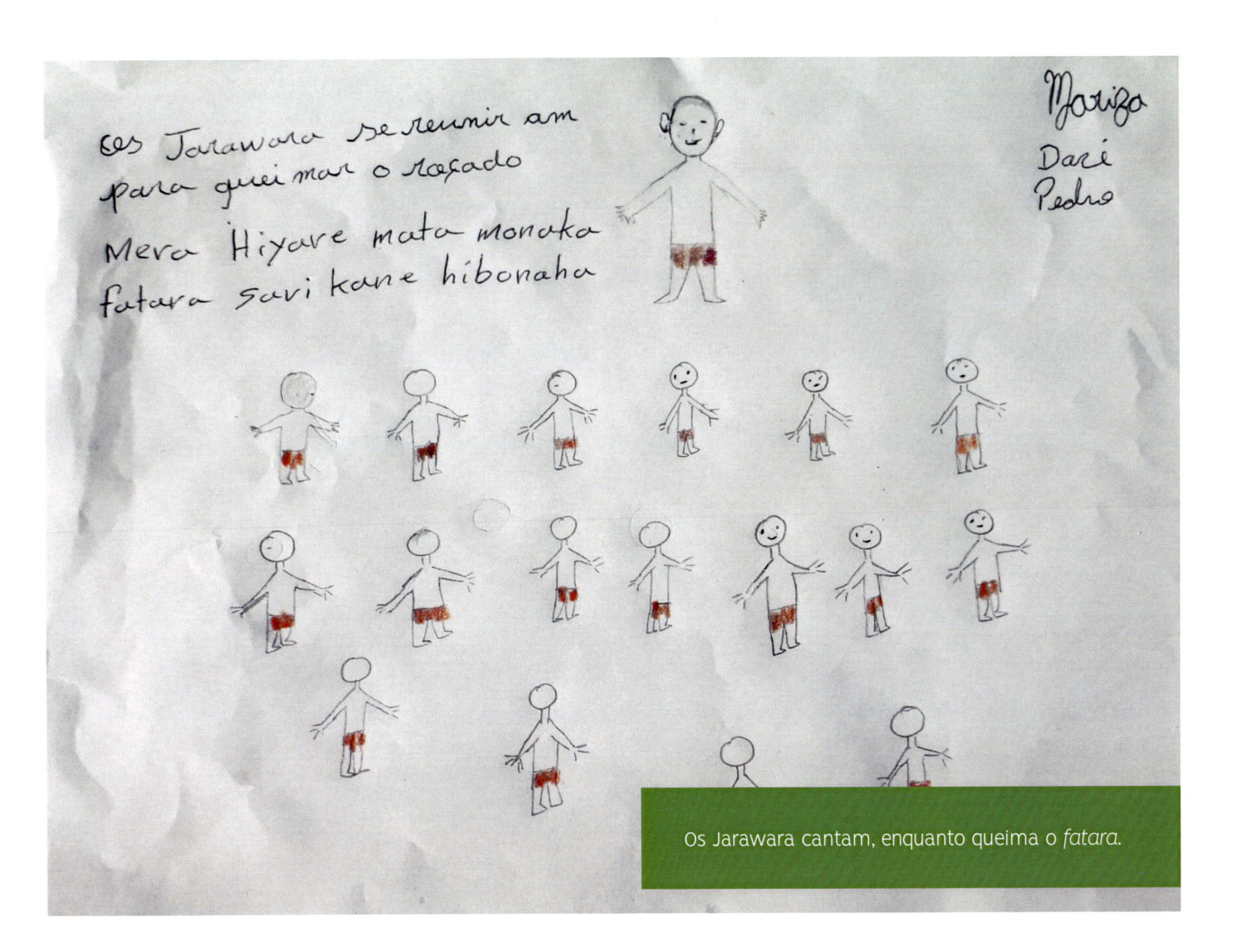

Ees Jarawara se reunir am
para queimar o roçado

Mera Hiyare mata monoka
fatara savi kane hibonaha

Mariza
Dari
Pedro

Os Jarawara cantam, enquanto queima o *fatara*.

Os Jaraura
trabalharam
na floresta
durante o dia

Hahi yobe meka xama
aahi mete
mone amake

Caiu na água e foi curado pelo peixe

bokehi mata monaka Fahaya mehinamosematamonaka abamati

Edi1

27

Luciano

Voltou Para o roçado

Kame Himatamonaka fataray

de Piquiá no chão e levou para o mercado
anoti takome mato monaka heniya mato
towa kama hari.

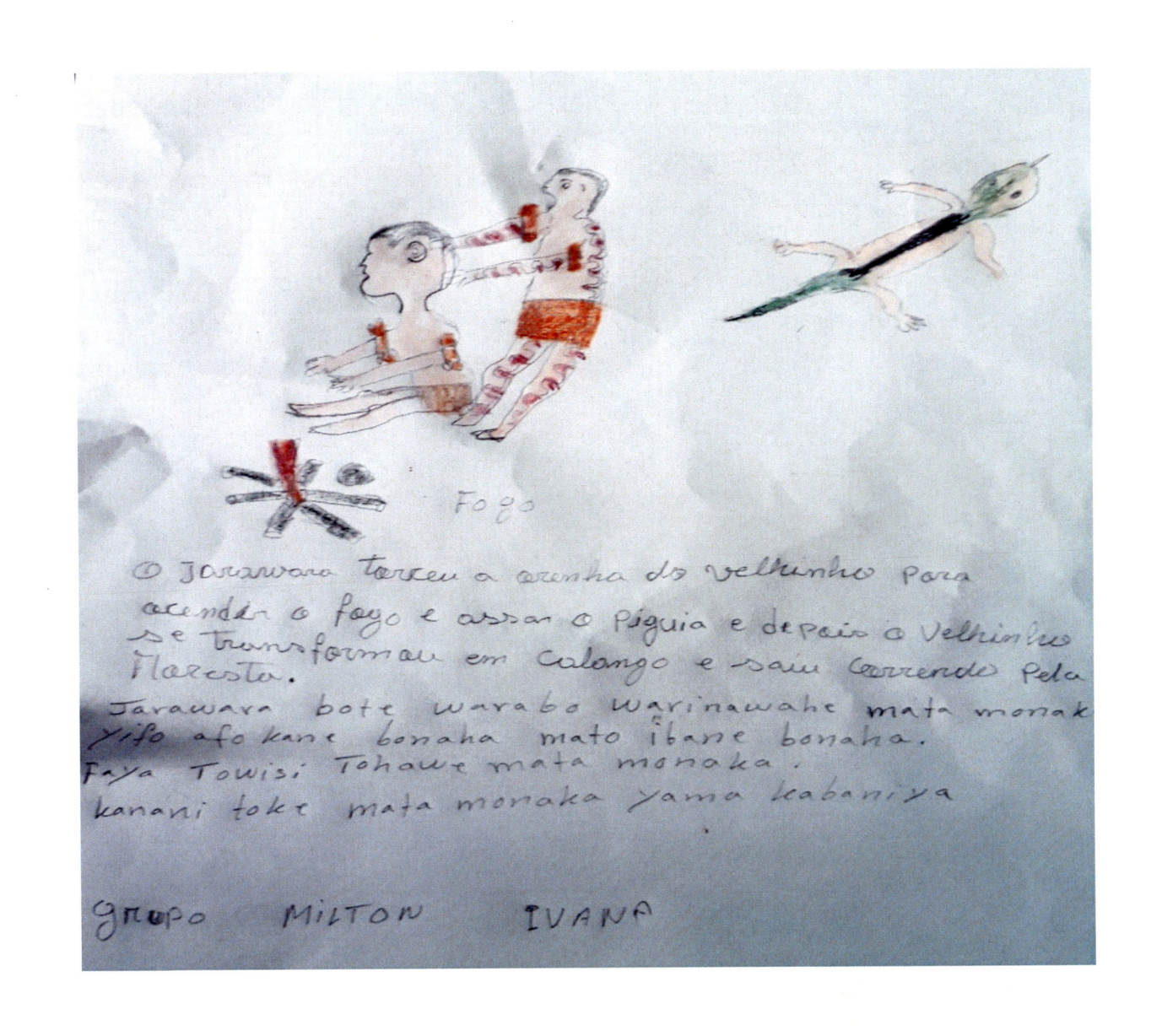

Fogo

O Jarawara torceu a arenha do velhinho para acender o fogo e assar o Piquia e depois o velhinho se transformou em Calango e saiu correndo pela Floresta.

Jarawara bote warabo warinawahe mata monak yifo afo kane bonaha mato ibane bonaha.
Faya Towisi Tohawe mata monaka.
kanani toke mata monaka yama kabaniya

grupo  MILTON  IVANA

homem furando o nariz beiço e
orelhas
maki me witi moto me ifi moto
me narabi moto nemata monaka

Bibiri

e depois ele dera apanhar para colher
no roçado
nowatiya mera kosi ne mata monaka fatara ka
yama me yababone mati.

Andrelina

banana
yifari

Pupunha
Yawita

mandioca
fowa

milho
Kimi

taioba
nakarita

cará
biha

abacaxi
Sami

Cana
Kana

siná
SiNA

ariã
mafe

# CONHECIMENTO TRADICIONAL

## YAMATA JARAWARA E YAMA KOWI

Trabalhando o conhecimento tradicional, fizemos o exercício de construção de paneiro, feito de fibra de arumã, utilizado para carregar frutos e outros produtos.

O alimento tradicional escolhido foi o mingau de banana verde, que pode ser feito como ingrediente para carnes e peixes.

# O CURSO DE FLORESTA

## TROCA DE SABERES ENTRE OS CONHECIMENTOS JARAWARA E OS YARA.

A importância do entendimento sobre a organização do IFAM e a responsabilidade dos diversos parceiros do curso.

O papel do IFAM, da FUNAI e da prefeitura.

O IFAM é responsável pelo curso, o envio de professores para ministrar as disciplinas. A FUNAI é responsável pelo transporte dos professores para a aldeia e pelos possíveis deslocamentos dos alunos (Jarawara) quando as aulas forem na cidade. A prefeitura deve construir a escola, para que as aulas do ensino fundamental, médio e técnico tenham espaços adequados.

Os Jarawara precisam acompanhar todos esses processos para garantir o seu direito à educação.

# PLANEJAMENTO

18/3/19 – Planejamento com os alunos mediadores – aproximação dos conteúdos das disciplinas com o pensamento e Língua Jarawara.

19/3/19 – *Yama Kabani, Faha ebote e Tabora* – a vida dos Jarawara precisa da floresta, do rio e da aldeia.

A mata, o rio, a aldeia. Foi realizada a caminhada pelas aldeias Casa Nova e Nascente. Atividade interdisciplinar com Ecologia Florestal.

20/3/19 – *Hiyarabite* – Histórias Jarawara.

Roda de conversa sobre as histórias Jarawara.

O aluno Jacinto Jarawara contou a história do plantio Jarawara ( *Jarawara meka yamata kawasi matamonaka*). Em seguida, os alunos foram motivados, em pequenos grupos, a fazer os desenhos correspondentes às partes da história.

21/3/19 – Conhecimento tradicional – *Yamata* Jarawara e *Yama Kowi*.

> As aulas tiveram a intensa participação dos alunos. Eles refletiram, apresentaram suas opiniões e posições. A comunidade participou de forma intensa. Ouvindo, observando o que estava sendo ensinado. Os mais velhos opinaram sobre o que estava sendo falado, contaram histórias. As crianças observavam.
>
> A caminhada na aldeia... o desejo de que as professoras conhecessem o local e as histórias antigas, foi algo emocionante.

A turma foi dividida em dois grandes grupos – o 1º grupo ficou responsável de pensar, trocar conhecimento e construir um paneiro de forma tradicional; o 2º grupo recordou a receita de uma comida (*Yamata*) tradicional e produziu o alimento.

Após as atividades, fizemos a socialização do que a turma produziu com a comunidade.

22/3/19 – O curso de Floresta – troca de saberes entre os conhecimentos Jarawara e os *Yara*.

Conversa sobre o papel das instituições envolvidas no curso técnico em Floresta para o Povo Jarawara, destacando o papel:

- IFAM;
- FUNAI;
- Prefeitura

E destacamos o papel dos Jarawara no acompanhamento do curso.

# CONSIDERAÇÕES DA PROFESSORA

Os Jarawara apresentam a questão de que muitos conhecimentos tradicionais não estão sendo repassados para as novas gerações. Destacaram a questão das histórias; do artesanato e alimentos. Destacaram que existe somente um pajé entre os Jarawara, na aldeia Água Branca. O pajé é o grande conhecedor dos espíritos e dos remédios da floresta. Acenaram para o papel dos avós na reprodução dos conhecimentos tradicionais.

Concluo com a questão da importância de realização de projetos que reforcem a importância dos conhecimentos tradicionais para as atuais e futuras gerações dos Jarawara.

# DISCIPLINA EDUCAÇÃO AMBIENTAL E QUESTÕES INDÍGENAS

Prof.ª Dr.ª Claudina Azevedo Maximiano (*Neme Boniraha*)

Carga horária: 40 h

Período: 1 a 5 de abril de 2019

# CONCEITOS E CONCEPÇÕES CONSTRUÍDAS AO LONGO DA DISCIPLINA SOBRE

- Meio Ambiente;
- Recursos Naturais;
- Biodiversidade;
- Resíduos sólidos;
- Mudanças Climáticas;
- Política Nacional de Gestão Ambiental e Territorial;
- Plano de Gestão Territorial e Ambiental;
- Papel do Agente Ambiental/Florestal

Os conceitos apresentados foram discutidos com os alunos mediadores que iniciaram a aproximação entre a língua Jarawara e a língua portuguesa.

Depois, a turma fez intensos debates para conseguir entender o que os Yara (não indígena) querem dizer quando falam de: meio ambiente (*Etaboro ka yama kabani Enanaro*); recursos naturais (*Yama kabani ka yama manakone nahara*); sustentabilidade (*Etaboro ekakatomahi*); mudança climática (*Yama awi hihiyanaro*).

A seguir, os desenhos sínteses do processo de compreensão construído ao longo da disciplina Educação Ambiental e questões indígenas.

# MEIO AMBIENTE

O meio ambiente é tudo que rodeia a casa dos yanomara. Plantas, animais, roçado, as árvores, frutas a chuva, as aves, o barreiro, o artesanato e outros. Esse é o meio ambiente que conhecemos.

# ETABORO KA YAMA KABANI ENANAHO

Yama kabani nafi haro yama nafi kihoharo taha e-trote, tatara, Awa boni toha, Bani me toha ata toha, yoma-kabra haro, Awa Yobe hihiri. Yama one toharowa, yoma-kaboni nafi eka aawa.

*Etaboro ka yama kabani Enanaro*

# Recursos naturais

Yama kabani ka yama manakone naharo

Recursos naturais é a riqueza econtramos na natureza, Caça, Pesca, Frutas, mandeira, Água e minerais.

Yama kabani ka yama manakone naharo

Bani me toha, Aba me toha, Awa boni toha, Awa toha, Faha toha, Yati amosawi toha naro.

Pincelo Atori
Ewaraba barai

Panela de barro
Panela ime amokã

Paneiro
Isiri

Fruta de Água
Wao boni

Peneira
benera

Urisol de ha
castanha yati
amowe yati

Banana
Yifari

Açaí
Hoare

tipiti nano

madeira
awa

Alimento
Yamata

Água
Faha

O que temos na nossa terra é recurso natural.

Biodeversidade

Diferente Forma de vida

Existem animais que onda na terra

Bani Yamaka banika mati

Existe animais que vive na agua na

aba me naho ha mati faha botiya

05/04/2019

Existem animais que vivem de baixo da terra
Wami botika Yamaimi

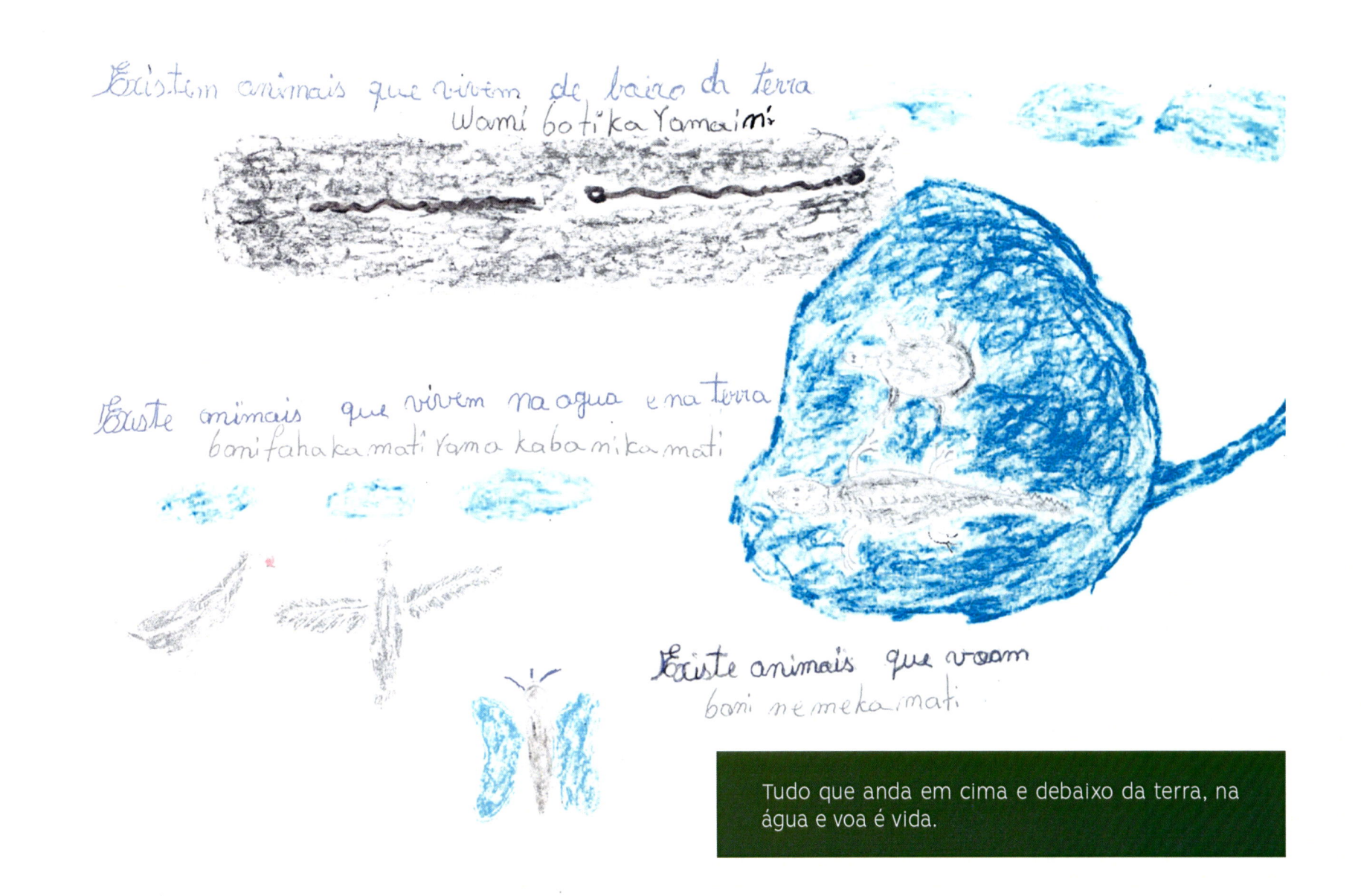

Existe animais que vivem na agua e na terra
bani fahakamati rama kabanikamati

Existe animais que voam
bani nemekamati

Tudo que anda em cima e debaixo da terra, na água e voa é vida.

# SUSTENTABILIDADE = Etaboro ekakatomahi

Vamos cuidar do nosso Etaboro Ka yama
Kabani enanaho! Ele é nosso Caso
Precisamos cuidar do nosso etaboro Ka yama
Kabani enanaho.

Hima etaboro e kakatomahi e taboro eka yobe amake
etaboro kakatomi e nofahi

Vamos usar somente o que precisamos para comer, para fazer nossa casa, nosso artesanato. Vender somente o que sobrar.

Hima yama e nofaha
E kihahi, yama kabaharo,
Yobe hiri nabakaro, yama
kowi bakaro, hasiniya tanaboneke

POR EXEMPLO

Enaro ahi: Juntar o lixo na tabora.

Yama namosa boneke tabora karo.

Fazer sina para usar e o que sobrar pode vender.

Sina hirina ihaboneke hasiniya tana boneke.

Etaboro ekakatomahi

# LIXO: Residuos solido

**Lixo** Organico são os restos de Alimento de Plantas Como casca de banana e outras.

## LIXO Industrial:

Saco, Plastico, Pilhas, bateua, Roupas, sapatos, bata, embologens fraldas, garrafa, aluminio, vidros e outras.

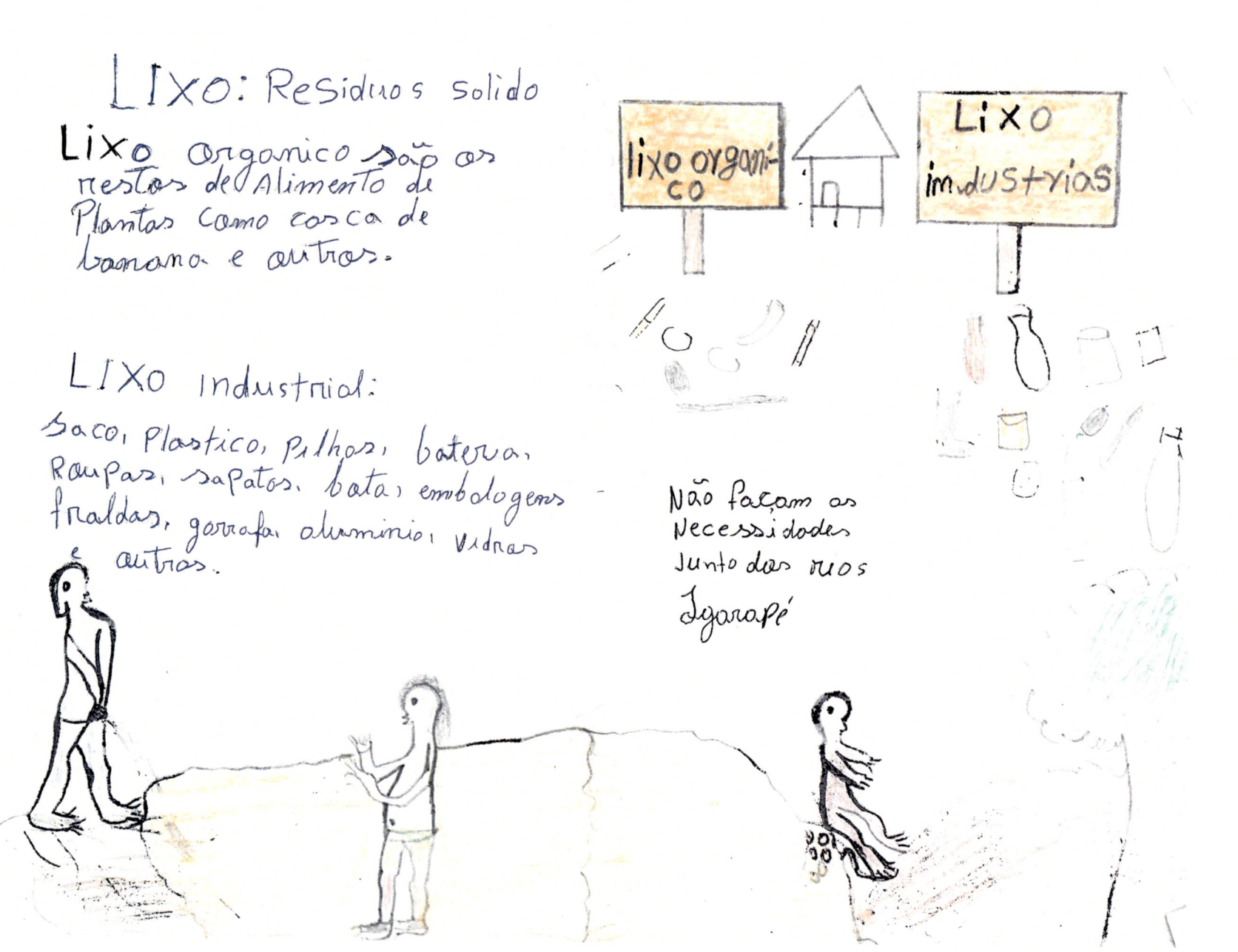

lixo organico

Lixo imdustrias

Não façam as Necessidades Junto das ruos Igarapé

Vamos recolher o Lixo
Pora Nossa Aldeia ficar limpa
Com todo com saude

Hima etaboro
enamosahi
Amosa bonche
enafi amosi-
bonekaro

Temos que cuidar do nosso lixo.

51

MUDanças CLIMáTíCa
AComTeCe devido a destruição
florestas Com quemadas Com Industrias é us
auto mavelis.

Yama awi hi hi Yanaro

A destruição causa
falto de água.

Faha wata mara haro
Awa me kani karo

Etaboro ekakatomahi

# PNGTA

Política Nacional de gestão ambiental territorial Indígena

Decreto nº 7.747 de 05 de julho de 2012 e O uso sustentável dos recursos naturais das terras Indígenas Para os atuais e futuras gerações

Para todos Povos Indigena do Brasil.

Bara me ota toha ota uina Barasio ya.

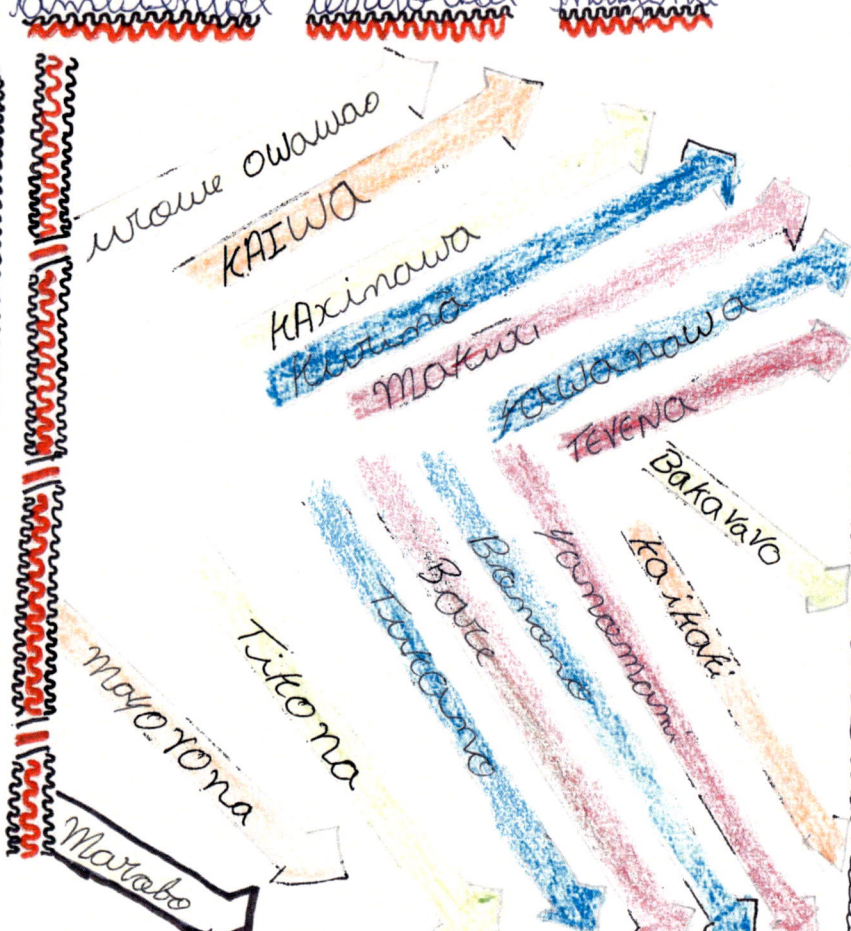

urowe owawao
KAIWA
KAxinawa
Mokui
Yawanowa
TEVENA
BAKAVAVO
KAIKAI
YANOMAMI
BAROE
Bororo
Tikona
MAYORONA
Marabo

No período em que ocorreu a disciplina, o PGTA dos Jarawara ainda não havia sido publicado.

Fizemos um esforço para relembrar as discussões ocorridas ao longo do processo de sua construção. Muitos pontos discutidos na disciplina já haviam sido apontando ao longo de sua discussão coletiva.

Trazer o PGTA para ser discutido na disciplina foi importante para ressaltar que a gestão da terra indígena e o futuro dos Jarawara são responsabilidades dos próprios Jarawara. Eles devem decidir todas as ações que acontecem no seu território.

Uma das questões mais discutidas foi a vigilância, pois existem pessoas que entram na Terra para retirar madeira, caçar, sem a permissão dos Jarawara.

Em 2019, o PGTA foi concluído e será publicado em 2020.

# AGENTE AMBIENTAL /FLORESTAL

DEVE VIGIAR CUIDAR DA NOSSA TERRA. ETABORO KAYAMA KABANI ENANAHO. YARA NÃO PODE TIRA A MADEIRA DA NOSSA TERRA, NEM CAÇAR, NEM PESCA, NEM tirar FRUTAS, COBAI-BA, ANDIROBA e outras

CASTANHA Mowe

Itau ba TAOBA

MAÇA-RADU BA KIYIYA

Angelim Awasiki

JARAWARA

YARA

56

Deve VALORIZAR O Nosso CONHecimento tradicional do Nosso PAi e NOSSA MÃE do Nosso AVO e nePASSOR PARA Os Futuros gerações (Crianças, jovens)

ARCO TiTiSA Flecha WATi

ZARABATANA KARABOWA

FlechA SARe

PANeiRO HiSiRi

Jarawara protegendo e valorizando o que é seu.

# PLANEJAMENTO

1/4/19 – Planejamento com os alunos mediadores.

2/4/19 – Meio ambiente (*Etaboro ka yama kabani enanaro*) – Nossa Terra; os recursos naturais; o clima de ontem e de hoje (mudanças climáticas); a importância da terra indígena para o planeta.

3/4 – Sustentabilidade; a Política Nacional de Gestão Ambiental e Territorial Indígena (PNGATI); O Plano de Gestão Territorial da Terra Indígena Jarawara/Jamamadi/Kanamati (PGTA) – Acordos.

4/4/19 – O descarte de resíduos sólidos (lixo); a qualidade de vida; cuidado com os alimentos; cuidado com a água e os dejetos humanos. Coleta de resíduos na aldeia Casa Nova; o papel e ação do Agente Ambiental/Florestal.

5/4/19 – Atividade avaliativa – Produção de uma síntese dos conceitos trabalhados ao longo da disciplina.

## OBSERVAÇÕES

Ao longo da disciplina, conseguimos construir a ideia de que:

- precisamos cuidar do nosso *etaboro ka yama kabani enanaro*;
- os nossos antepassados (*Hibatika*) viviam de formas sustentáveis (ekati me);
- é papel dos Jarawara proteger/cuidar da terra indígena;
- é preciso retomar os acordos estabelecidos no PGTA.

# CONSIDERAÇÕES DA PROFESSORA

A construção conjunta da disciplina foi realizada num processo intenso de aprendizagem sobre como os Jarawara pensam o seu lugar. A Terra, a aldeia, os igarapés e rios, a mata, os animais.

A terra onde se vive é, ao mesmo tempo, fonte de vida. O lugar em que vivemos, a nossa *Tabora* (aldeia). A relação com a mata. A roça (*fatara*), o plantio e a colheita. O sina (rapé). A importância da água.

Foi importante perceber o processo de aprendizado sobre o uso dos produtos dos *Yara* (não indígena), que o plástico faz mal para terra, que as pilhas e baterias também prejudicam a terra e as pessoas.

A disciplina foi um "toque" de alerta para as questões globais, as mudanças climáticas, que eles percebiam, mas não sabiam que esse é um problema do mundo atual e que a Terra Indígena Jarawara/Jamamadi/Kanamati é um exemplo para mundo de sustentabilidade e cuidado com a Terra.

Para mim, codividir com os Jarawara essa disciplina foi algo indescritível no aspecto da aprendizagem. Eu aprendi muito e considero a experiência de troca de saberes fundamental para o processo ensino-aprendizagem. E reporto-me ao projeto do curso, que afirma que o que buscamos no curso é fazer uma "escola-da-troca", "escola-diálogo".

> Um momento importante durante a disciplina foi realizado em uma noite em que os alunos não tiveram aula. Assistimos a um vídeo produzido pela FUNAI sobre os acordos presentes no Plano de Gestão Territorial e Ambiental da Terra Indígena (PGTA) em que os Jarawara falam sobre os acordos. Acordo sobre vigilância, caça, pesca, saúde, educação, entre outros.
>
> A questão ambiental é apresentada, e a preocupação com o lixo que vem da cidade e que fica nas aldeias foi colocada. O descarte de pilhas e baterias foi um dos assuntos que demos enfoque, além do plástico.

DISCIPLINA LEGISLAÇÃO FLORESTAL E INDIGENISTA

Prof.ª Dr.ª Alessandra de Souza Fonseca (*Manira*)
Carga horária: 40h
Período: 22 a 26 de abril; 3 a 7 de junho de 2019

Vamos lutar
pela nossa terra.

ETabovoxhaha
Tomahi

# NESSA DISCIPLINA FORAM ESTUDADOS CONCEITOS TÉCNICOS DA ÁREA FLORESTAL E INDIGENISTA, DIALOGANDO-SE COM OS SABERES TRADICIONAIS DA CULTURA JARAWARA

· Noções básicas do Estado Constitucional Brasileiro.

· Introdução à política indigenista brasileira.

· Noções de direitos e deveres dos povos indígenas.

· Introdução à política e legislação florestal e ambiental.

Com apoio dos discentes, uma arvoreta foi localizada no centro do casarão, o local utilizado para realização das aulas, visto que a sala de aula da escola não oferece espaço suficiente. O caule da arvoreta representou a Constituição Federal Brasileira e os seus galhos, as legislações florestal e indigenista bem como as políticas públicas correlatas.

Legislação é um conjunto de documentos que tem força para organizar nossa vida
*Yama hani nafiha e nafi ka-kakatoma toha te boneke*

Direito indígena
eka yama e noPaharo
Regras para organizar a vida na aldeia, Organizar
o movimento indígena de Acordos PGTA.

Eehene e namosi
boue karo tuboruya
yakani fawara bonehe
fara e atimaroya
eka yama hani ya
e hiri na maroho.

Componentes:
Edinéia, Edilson, Valdemiro, Joel

Direitos indigenistas: direitos dos índios à saúde,
educação, terra e autonomia; escrito na Constituição Federal
de 1988. A lei escrita pelo Yara.
Yara meka Yama! Eka yama era kakasoma,
Era kakanawana

Constituição
Federal
de
1988

O que é Constituição Federal?
É o documento maior do Brasil
*Yama nafika yama hani amosi mati toha haro*

65

Da legislação, surgem as políticas públicas

*Yama hani yane mete moneke*

*Eka hiti me hiri     hina boneke eka*

*Yama amosawa hibonekaro*

> Políticas públicas nascem de um direito, são ações do Governo para melhorar a vida do povo.

O empenho dos estudantes é o maior aspecto positivo. A cada alternância, há novos saberes e novos conhecimentos sendo trocados. Os docentes estão disponíveis em tempo integral, esclarecendo dúvidas para realização de atividades inclusive à noite. Os discentes estão mais desenvoltos na realização das atividades e praticando o português escrito e falado. Um tablet institucional foi cautelado para uso durante as aulas, o que permitiu o uso de vídeos e imagens para ilustrar as aulas.

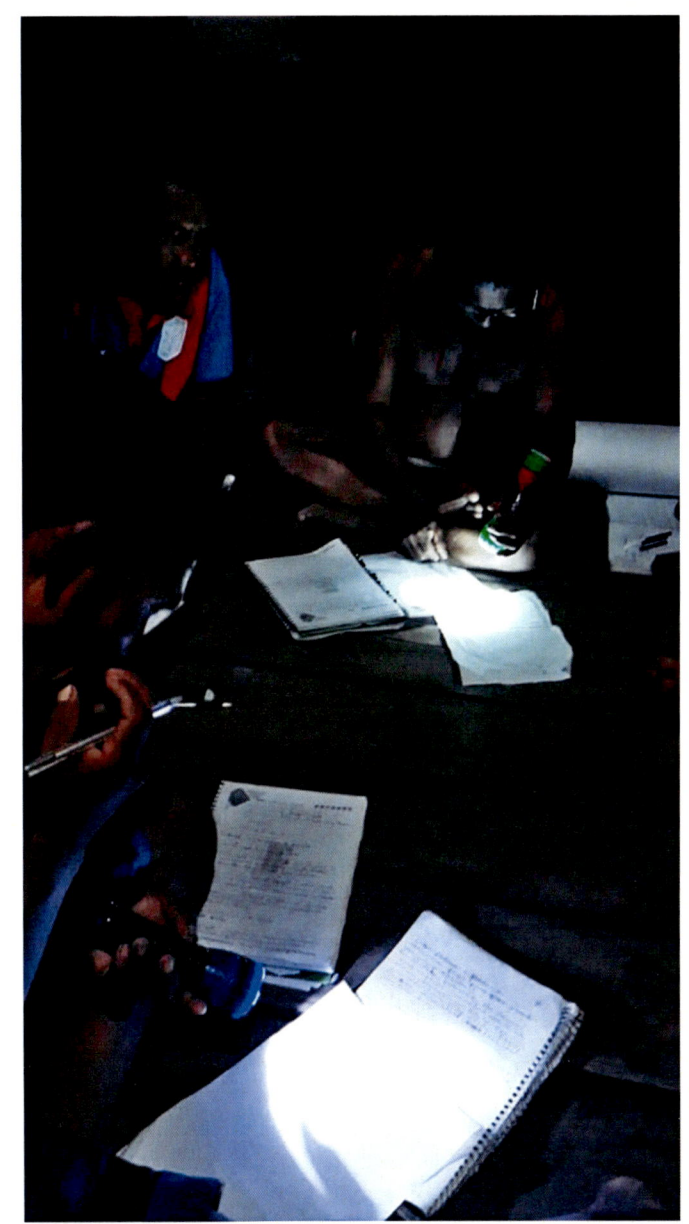

# RELATÓRIO DE ATIVIDADES

- 22 de abril de 2019

– Planejamento das aulas junto aos estudantes mediadores.

- 23 de abril de 2019

– Introdução à legislação: conceitos básicos.
– O que é legislação?
– Os três poderes.

- 24 de abril de 2019

– Poder Executivo: seus representantes eleitos pelo povo e suas atribuições.
– Poder Legislativo: seus representantes eleitos pelo povo e suas atribuições.
– O poder do povo.

- 25 de abril de 2019

– Hierarquia das leis brasileiras.
– Constituição Federal de 1988.

- 26 de abril de 2019

– A legislação e as políticas púbicas.

- 3 de junho de 2019

– Planejamento das aulas junto aos estudantes mediadores.

- 4 de junho de 2019

– Direito indigenista e direitos indígenas.

Avaliação: atividade em grupo. Elaborar um resumo ilustrado com os temas: "Diferenças entre direito indigenista e direito indígena", com texto em Jarawara e português.

- 5 de junho de 2019

– A Convenção nº 169 da OIT.
– Declaração das Nações Unidas sobre os Direitos dos Povos Indígenas.

Avaliação: Atividade em grupo. Elaborar um resumo ilustrado com os temas: "Convenção nº 169 da OIT" e "Declaração das Nações Unidas sobre os Direitos dos Povos Indígenas", com texto em Jarawara e português.

- 6 de junho de 2019

– Estatuto do Índio.
– Direitos constitucionais dos povos indígenas.

Avaliação: atividade em grupo. Destacar trechos do material preparado pelo CIMI que os estudantes julgam importantes para eles, transcrevendo os textos em Jarawara e português.

- 7 de junho de 2019

– Terras indígenas e unidades de conservação.
– Terras indígenas e a PNGATI.
– Questões jurídicas na gestão da TI Jarawara/Jamamadi/Kanamati.

Avaliação: atividade em grupo. Destacar trechos do material preparado pelo CIMI que os estudantes julgam importantes para eles, transcrevendo os textos em Jarawara e português.

# CONSIDERAÇÕES DA PROFESSORA

Na alternância realizada na primeira semana de junho, os rios Purus e Cainã estavam em período de intensa vazante e, por isso, o acesso à aldeia Casa Nova e o regresso à Lábrea foram dificultados pela ausência das águas, o que representou 270 minutos de trajeto pelas águas mais 90 minutos de caminhada pela floresta de várzea. Durante o deslocamento de volta, muitos foram os obstáculos enfrentados, desde muita lama até travessias de igarapés sobre toras submersas, atoleiros e chuva forte. O deslocamento realizado no dia 8 de junho foi extremamente cansativo e arriscado, visto que as docentes ficaram atoladas, com risco efetivo de lesão. A experiência do guia Jarawara foi fundamental para resguardar a segurança das docentes.

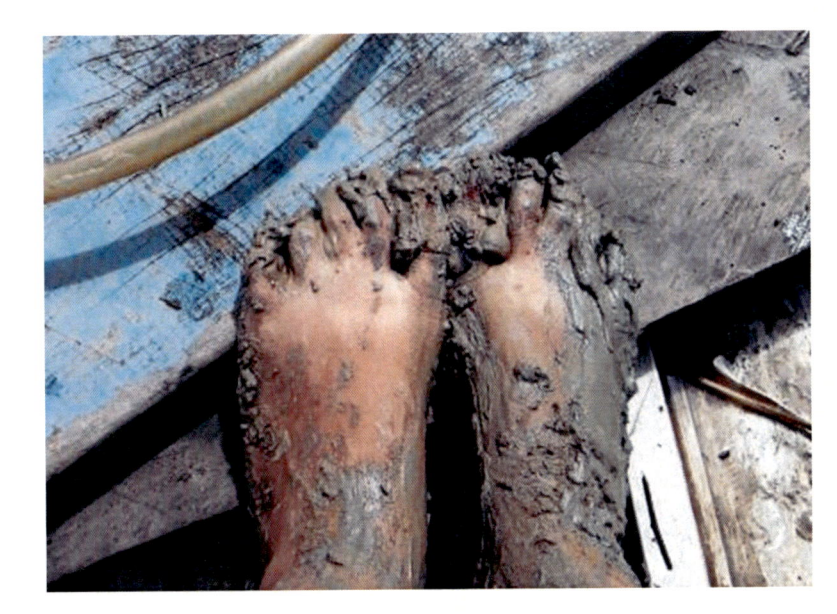

# DISCIPLINA ECOLOGIA FLORESTAL

Prof.ª Dr.ª Alessandra de Souza Fonseca (*Manira*)

Carga horária: 60h

Período: 26 a 30 de novembro de 2018; 18 a 22 de março de 2019

## NESSA DISCIPLINA FORAM ESTUDADOS CONCEITOS TÉCNICOS DA ÁREA FLORESTAL, DIALOGANDO-SE COM OS SABERES TRADICIONAIS DA CULTURA JARAWARA

- Importância da árvore para regulação do balanço hídrico na Amazônia;

- Sucessão Ecológica;

- Interação ecológica;

- Ecologia da paisagem;

- Ecossistemas Amazônicos;

- Biodiversidade;

- Controle biológico.

# OS BENEFÍCIOS DA FLORESTA PARA O POVO JARAWARA

## TE TABORO TEKAKATOMAHI

A vida, a existência do povo indígena depende de uma floresta viva, sadia.

Os discentes Jarawara explicitam essa relação harmoniosa por meio das atividades propostas durante o desenvolvimento do conteúdo "Importância da árvore para regulação do balanço hídrico na Amazônia".

Ao trabalhar o conteúdo "Sucessão ecológica", os discentes reproduziram o processo de sucessão ecológica que ocorre quando o roçado, *fatara*, volta a ser floresta. Em cada estágio sucessional descrito, os discentes registram as espécies vegetais e animais que representam esses estágios, dentro de seu território.

Os conceitos relacionados aos ecossistemas amazônicos foram prontamente reconhecidos pelos discentes, quando trabalhados em sala de aula.

Nesse conteúdo, foram trabalhados os principais ecossistemas amazônicos, destacando-se as florestas de terra firme e floresta de várzea, já que tais ambientes ocorrem na Terra Indígena.

A compreensão e o reconhecimento dos conceitos trabalhados pelos discentes em sua terra indígena são expressos no nível de detalhamento dos registros visuais que produzem, durante o desenvolvimento das atividades propostas.

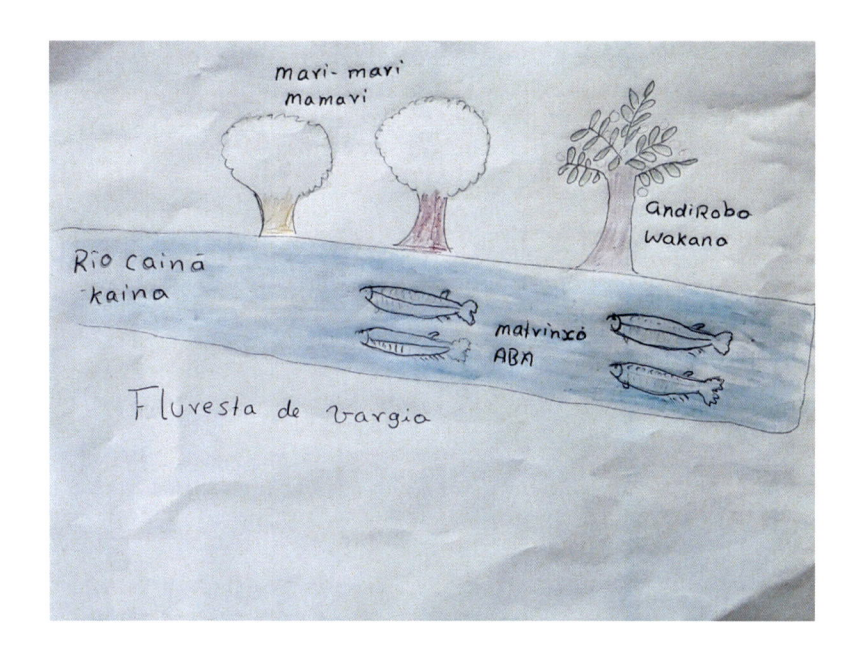

## Divisão da floresta amazônica da Terra Indígena Jarawara/Jamamadi/Kanamati

Floresta de terra firme
*Yama kabani awi Hiyayanaro*

Floresta de várzea
*Yama ate bokaroro*
*Yama ate bokaharo*

Floresta de igapó
*Fahaya awa wataharo*

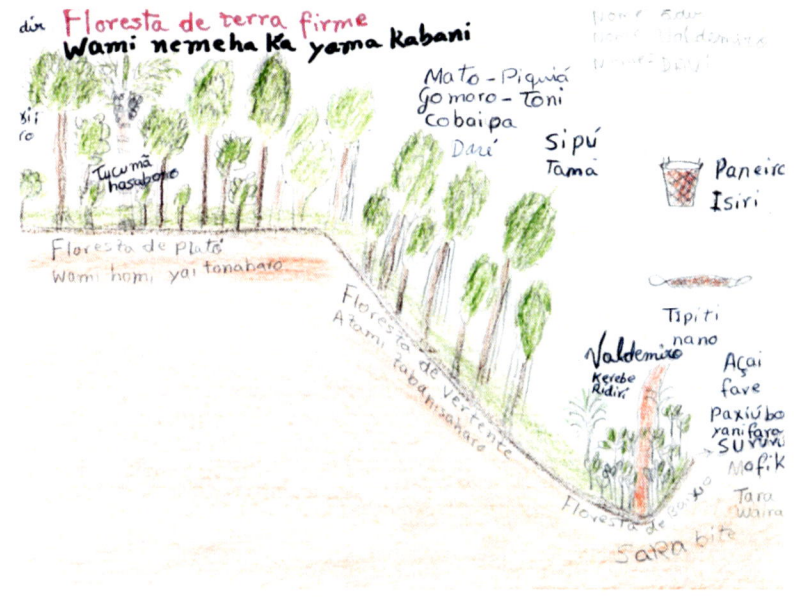

Biodiversidade

*Yama nafi yorotokanaro*

Ao estudar sobre o conceito de biodiversidade, os discentes Jarawara compreenderam e registraram, a partir de desenhos, as diversas formas de vida que reconheceram em seu território e seus subprodutos.

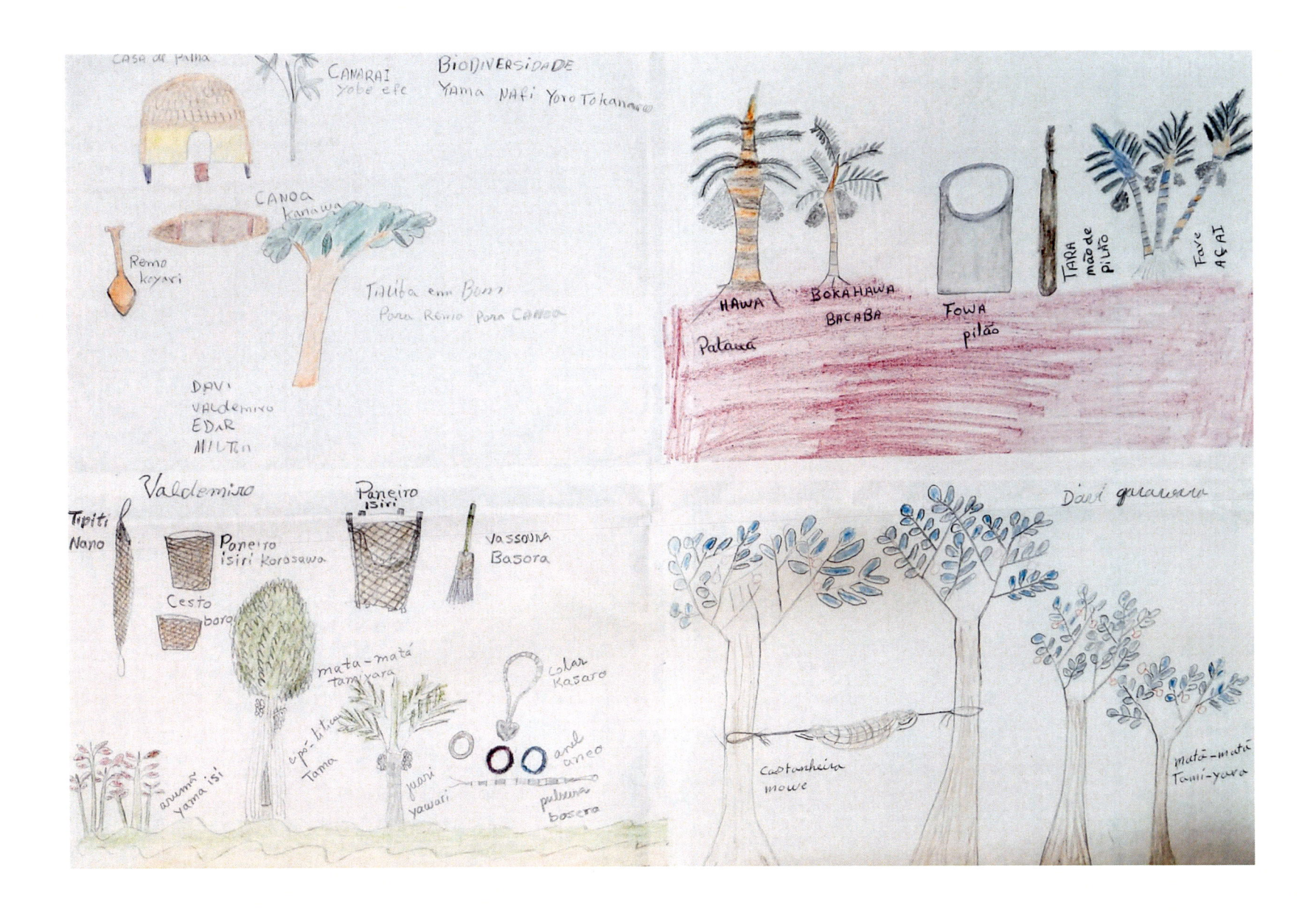

CASA de PALHA

CAMARAI
Yobe efe

BIODIVERSIDADE
Yama Nafi Yoro Tokanawa

CANOA
kanawa

Remo
kayari

Talita em Bass
Para Remo Para CANOA

DAVI
VALdemiro
EDAR
MILTon

HAWA
Patauá

BOKAHAWA
BACABA

FOWA
pilão

TARA
mão de
PILÃO

Fave
AÇAI

Valdemiro

Tipiti
Nano

Paneiro
isiri

Paneiro
isiri Korosawa

Cesto
boro

Vassoura
Basora

mata-matá
Tamiyara

Colar
Kasaro

epo tetiwa
Tama

arumã isi
Yama isi

yuari
yawari

anel
aneo

pulseira
bosora

Davi guarara

Castanheira
mowe

matã-matã
Tami-yara

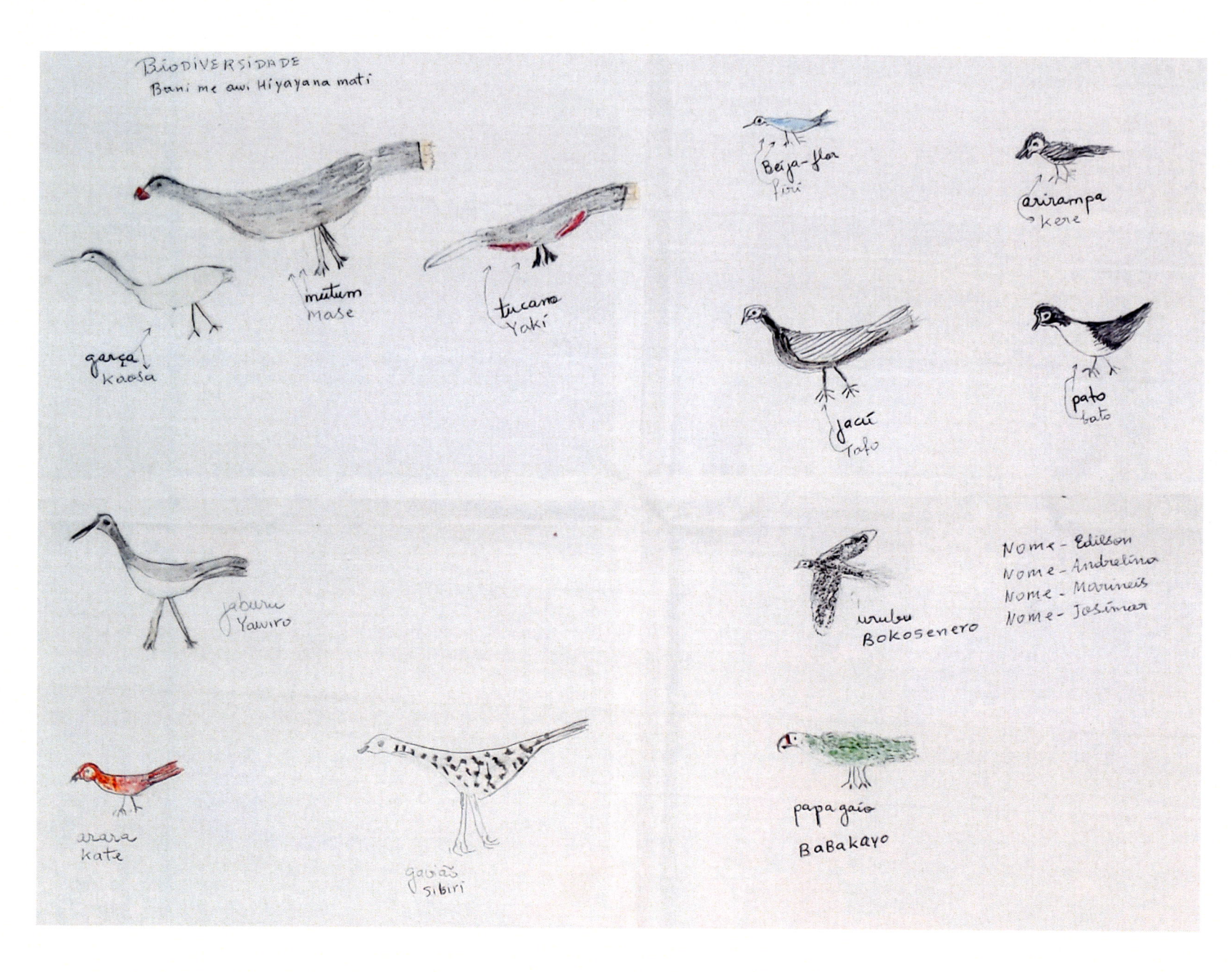

BIODIVERSIDADE
Bani me awi Hiyayana mati

garça
Kaosa

mutum
Mase

tucano
Yaki

jaburu
Yawiro

arara
Kate

gavião
Sibiri

Beija-flor
Piri

arirampa
Kere

jacú
Tafo

pato
bato

urubu
Bokosenero

papagaio
Babakayo

Nome - Edilson
Nome - Andrelina
Nome - Maruneis
Nome - Josimar

80

# Controle biológico no fatara

Mariza

Ayawa
cajú yu wita
Piyiça

cara
awani

Samá
Abaca
xi

Sawa
ixara

Patataxí
Kararta
SINA

cara bilca

Machi
kasá kabe

Cutia
Sivama

Para trabalhar o conteúdo "Controle biológico",
o objeto de estudo foi o *fatara*, roçado Jarawara.

Controle biológico no FATARA

Nome:
José Manuel

Gavião
sibiri

Cutia
SINAMA

SINÃ

Lagorta.
mata kari

Passaro
Bani biti

sapo, kose

grilo
Habise.

# RELATÓRIO DE ATIVIDADES

· 26 de novembro de 2018

– Introdução à Ecologia Florestal.

– A árvore.

Atividade avaliativa: desenhar os benefícios da floresta para o povo Jarawara. Para realização dessa atividade, os estudantes organizaram-se em seis grupos e apresentaram o resultado da atividade na manhã do dia 27 de novembro.

· 27 de novembro de 2018

– Sucessão ecológica: noções de composição florística, fitofisionomia e estrutura florestal.

– Adaptação das espécies quanto às exigências de luz.

– Espécies clímax, secundárias e pioneiras.

– Dinâmica de clareira e regeneração.

Atividade avaliativa: desenhar a sucessão ecológica da área do roçado que o Jarawara não usa mais. Para realização dessa atividade, os estudantes organizaram-se em seis grupos e apresentaram o resultado da atividade na manhã do dia 28 de novembro.

· 28 de novembro de 2018

– Ecossistemas: conceito, estrutura e componentes abióticos e bióticos.

– Principais ecossistemas do mundo.

– Ecossistemas terrestres e aquáticos amazônicos: várzea, igapó, campinarana, campina, terra firme.

Atividade avaliativa: desenhar a divisão da floresta amazônica: terra firme, várzea e igapó. Para realização dessa atividade, os estudantes organizaram-se em seis grupos e apresentaram o resultado da atividade na tarde do dia 29 de novembro.

· 29 de novembro de 2018

– Florestas de terra firme.

Atividade avaliativa: desenhar as florestas de terra firme. Para realização dessa atividade, os estudantes organizaram-se em seis grupos e apresentaram o resultado da atividade na manhã do dia 30 de novembro.

· 30 de novembro de 2018

– Biodiversidade.

Atividade avaliativa: desenhar os produtos da biodiversidade da Terra Indígena Jarawara/Jamamadi/Kanamati. Para realização dessa atividade, os estudantes organizaram-se em seis grupos e entregaram o resultado da atividade na tarde do dia 30 de novembro.

· 18 de março de 2019

– Planejamento com os estudantes mediadores dentro da aldeia Casa Nova, na Terra Indígena Jarawara/Jamamadi/Kanamati. Nesse momento, foram decididos, junto dos estudantes, quais temas deveriam ser revisados, para relembrar os conceitos estudados em 2018, a árvore, sucessão ecológica e florestas de terra firme.

· 19 de março de 2019

– Aula prática: caminhada pela terra indígena, com estudo *in loco* do roçado e áreas em processo de sucessão ecológica, observando-se os estágios sucessionais.

- 20 de março de 2019

– Aula prática: caminhada pela terra indígena, com estudo *in loco* das espécies clímax, secundárias e pioneiras que ocorrem desde o roçado até a floresta, bem como explicando como ocorrem as interações ecológicas planta–animal e planta–planta.

- 21 de março de 2019

– Aula prática: caminhada pela terra indígena, com estudo *in loco* das florestas de terra firme: platô, vertente e baixio.

- 22 de março de 2019

– Biodiversidade e o controle biológico. Revisão do tema Biodiversidade, enfocando a importância da biodiversidade animal para controle biológico de pragas dentro do roçado Jarawara.

Atividade avaliativa: desenhar como ocorre o controle biológico dentro do roçado Jarawara. Para realização dessa atividade, os estudantes organizaram-se em cinco grupos e apresentaram o resultado da atividade.

## CONSIDERAÇÕES DA PROFESSORA

A receptividade e o empenho dos estudantes durante o desenvolvimento das aulas fazem valer a pena todo esforço pessoal e profissional. Lecionar na terra indígena contextualiza e significa melhor o conhecimento aos discentes, facilitando o processo do ensino-aprendizagem. Além disso, por se tratar de um curso bilíngue, vem propiciando a troca de saberes e de culturas entre os discentes e docentes.

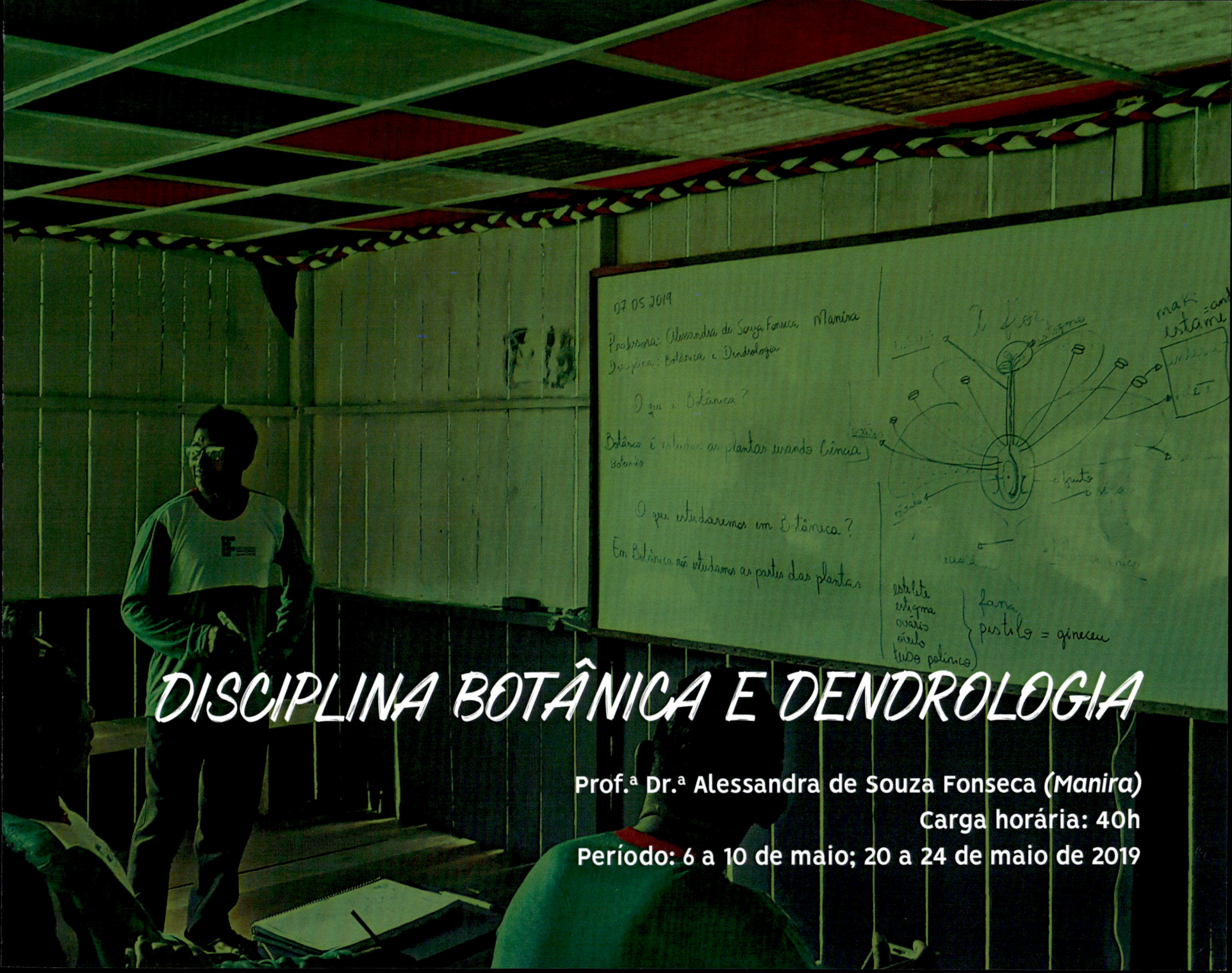

# DISCIPLINA BOTÂNICA E DENDROLOGIA

Prof.ª Dr.ª Alessandra de Souza Fonseca (*Manira*)
Carga horária: 40h
Período: 6 a 10 de maio; 20 a 24 de maio de 2019

Sucessão Ecológico

Estágio IV
larre (uai
Kosi rawa siro
castanhaira
maule

euraiba
Kuba

Tucamo
xoki

Estágio III
Pequeo
mato Tucum
ha siaba

veado
boto

Estágio II ba
Embaúba
Biko
Bananeira
hmole efei

Estágio I

capim
mairi

Tati...

UXI
Siro

piquiá
mato

COPAIBA
KOBA

**Platô**
YAMA KOMI AMOSIRO

copaiba-koba

lacre-kosirawa

maruba-yáí

PATAUA-HAWA

AÇAI-fare

**Vertente**
Atami

**Floresta de terra firme**
YAMA KABANI, YAMA ATE KAROI
A WAONI KA bis AWA

BAIXIO-FUHA to

# NESSA DISCIPLINA FORAM ESTUDADOS CONCEITOS TÉCNICOS, DIALOGANDO-SE COM OS SABERES TRADICIONAIS DA CULTURA JARAWARA

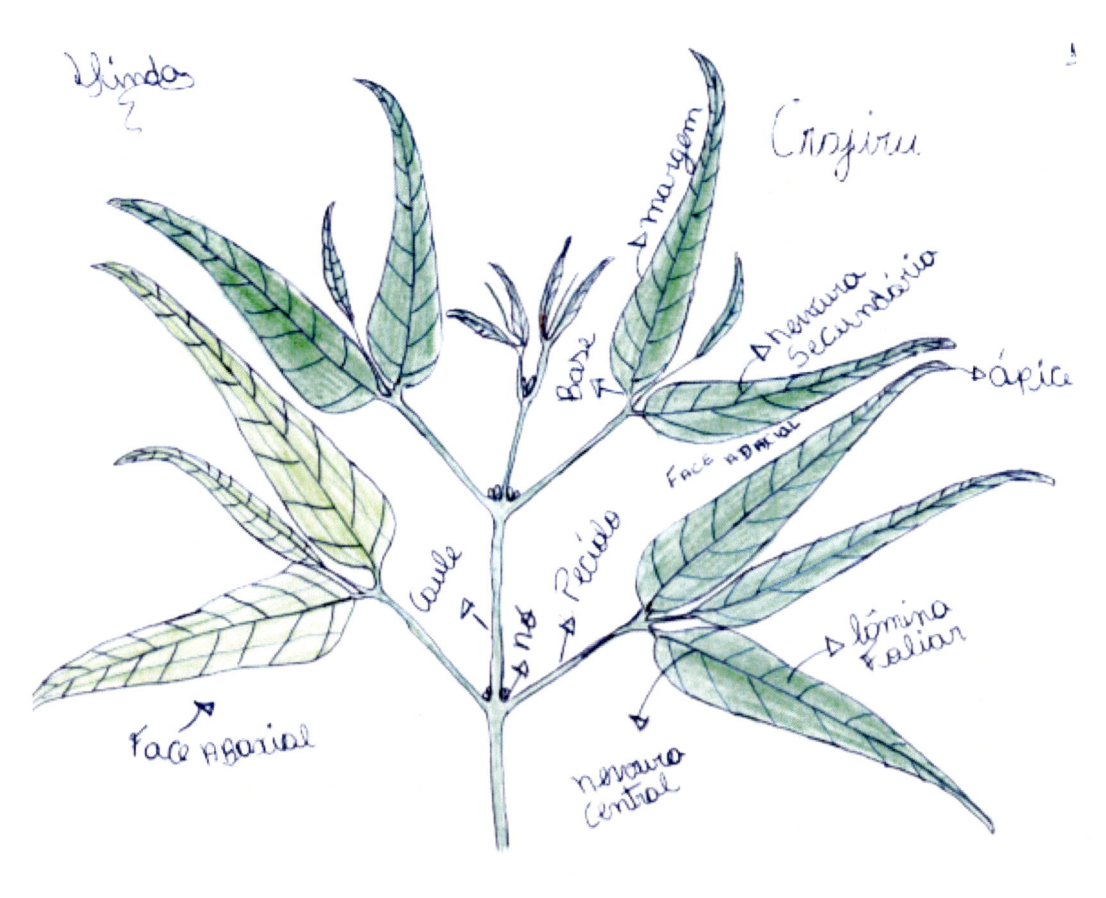

- Introdução à botânica: flor, fruto, semente, raiz, caule e folha;

- Definição de Dendrologia;

- Ficha dendrológica;

- Principais características dendrológicas utilizada na identificação de espécies arbóreas;

- Principais famílias de espécies arbóreas da Amazônia.

Flor: *awa mowe*
Fruto: *awa boni*
Semente: *awa noki*
Raiz: *awa habi*
Caule: *awa ate*
Folha: *awa afe*

Em botânica, nós estudamos as partes das plantas
*Botanika ota rawinineke awa ohariya nafi tamine ota wato bonekaro*

Botânica é estudar as plantas usando ciência
*Botanika ota rawinineke yamakorona tamine ota watobonekaro*

Édiso Ferreira da Silva yarawana

## Flor de Sino

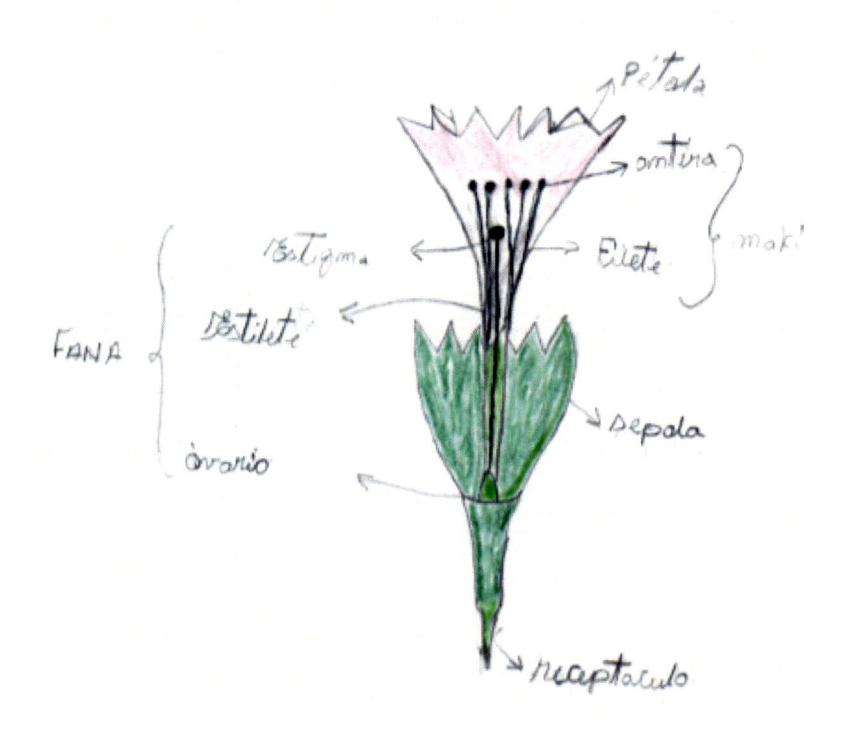

Pétala

antena

Eilete

maki'

Estigma

Estilete

FANA

ovario

sepala

receptaculo

Aluno = Naxiço Yarawana    DATA = 03/06/2019

Folha

Estipe

Fúlcreas raiz

AROMMA longa.

equilátera

Casca lisa.

Casca

Nome do artista: Linda

Fruto seco deiscente

Nome do fruto: Urucum

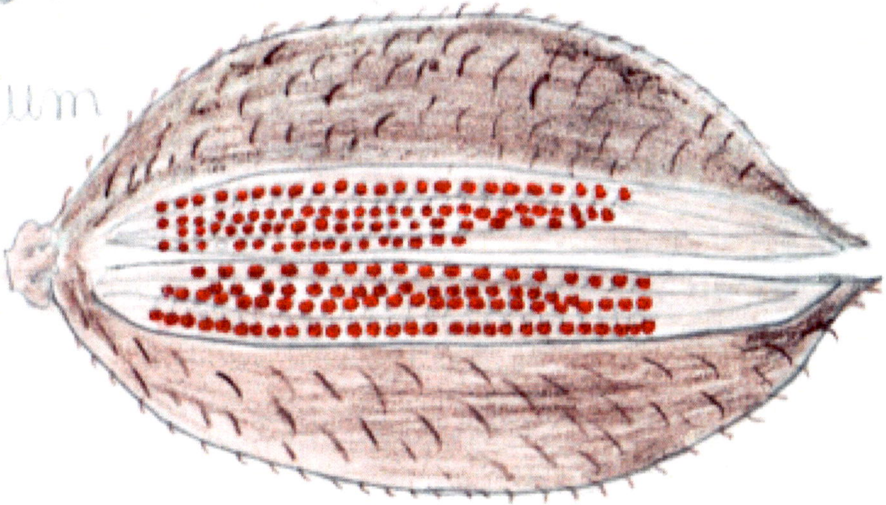

Nome da equipe:

Linda

José Manoel

Jacinta

Disciplina: Botânica e Dendrologia

Prof: Alexrandra de Souza Fonseca

Componentes: Linda, Maíra, Lucianoe

Jaqueline.

# Ficha
# Dendrologia

Árvore: maçarandula    Linda

awa: kiriya

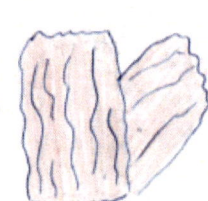

ake uiririna    folha pequena
tifokená    verde escuro
hitahora

ate mafiha    caule firme reto
yainisahora

atavi mese    casca, cores, marron,
maho, kania    e rachaduras para-
nvrikava haro    lelos.

ata hore    látex branco
rasama

# RELATÓRIO DE ATIVIDADES

- 6 de maio de 2019

– Planejamento com os estudantes mediadores.

- 7 de maio de 2019

– Introdução: conceito e importância da Botânica e seus estudos.

– A flor: conceito, função, constituição e tipos.

O que é Botânica? É o estudo científico da vida das plantas.

O que se estuda em Botânica? Todas as características dos vegetais, tais como: morfologia, anatomia e fisiologia.

O que é uma flor para o Jarawara? Ela é importante? Existem histórias antigas sobre alguma flor?

A flor: órgão de reprodução das plantas. É a parte de onde sairá a semente ou o fruto.

Metodologia: breve aula introdutória. Realização de caminhada pela aldeia, buscando-se observar flores, caso possível, coletando-as. Breve aula teórica sobre o tema "a flor".

Avaliação: atividade individual. Desenhar uma flor que você conhece/lembra/visualizou. Informar o nome da espécie e identificar suas partes.

- 8 de maio de 2019

– O fruto.

– A semente.

– Fruto: resultado do amadurecimento do ovário, garantindo a proteção e auxiliando na dispersão das sementes, surgido após a fecundação. Partes do fruto: pericarpo (epicarpo, mesocarpo e endocarpo). Tipos: secos e carnosos, deiscente, indeiscente, por exemplo.

– Semente: principal meio de reprodução das plantas. Óvulo desenvolvido após a fecundação. Partes: embrião, endosperma (reservas nutritivas) e tegumento. Tipos: de acordo com a forma de dispersão (alada, por exemplo).

– Metodologia: caminhada na floresta ao redor da aldeia, buscando-se coletar frutos para levar à sala de aula para dissecação e observação. Breve aula teórica a partir dos frutos obtidos na caminhada.

– Avaliação: atividade em dupla. Desenhar o fruto e a semente de planta escolhida/encontrada pelos estudantes, identificando-se as partes.

- 9 de maio de 2019

– Raiz.

– Caule.

– Raiz: órgão da planta, quase sempre subterrâneo, que serve como meio de fixação ao solo e absorção de água, compostos nitrogenados e minerais. Partes. Tipos.

– Caule: órgão da planta responsável pela sustentação da copa e transporte de seiva elaborada e bruta, desde a raiz até as folhas. Partes. Tipos.

– Metodologia: caminhada na floresta ao redor da aldeia, buscando-se observar os diferentes tipos de raízes e caules. Breve aula teórica após a caminhada, para fixação do conteúdo e esclarecimento de dúvidas. Associar a diferença de raízes e caules às diferentes fitofisionomias e espécies florestais.

– Avaliação: atividade em dupla. Desenhar os diferentes tipos de raízes e caules, de acordo com as diferentes espécies vegetais e fitofisionomias.

- 10 de maio de 2019

– A folha.

– Folha: órgão vegetal responsável pela fotossíntese, a produção de alimento das plantas, e pela liberação de oxigênio para a respiração de todos os seres vivos. Partes. Tipos.

– Metodologia: caminhada na floresta ao redor da aldeia, para observar os diferentes tipos de folhas. Durante a caminhada, serão coletadas folhas de diferentes espécies florestais. Breve aula teórica após a caminhada, para fixação do conteúdo e esclarecimento de dúvidas.

Avaliação: atividade em dupla. Desenhar uma folha, identificando as partes da folha.

- 20 de maio de 2019

– Planejamento com os estudantes mediadores.

- 21 de maio de 2019

– Nomenclatura botânica: família, gênero, epíteto específico e nome do(s) autor(es).

– Angiosperm Phylogeny Group (APG IV): sistema de classificação taxonômico filogenético de maior reconhecimento e uso.

– Metodologia: aula expositiva e exercícios em sala de aula, utilizando bibliografia técnica.

- 22 de maio de 2019

– Principais famílias úteis

– Metodologia: iniciar a aula questionando os discentes sobre quais plantas são mais utilizadas ou que julgam mais importantes.

– Utilizar a referência bibliográfica para, junto a eles, identificar a família botânica das espécies citadas.

- 23 de maio de 2019

– Principais características dendrológicas.

– Metodologia: realizar uma caminhada ao redor da aldeia e questionar os discentes sobre como eles reconhecem as árvores da floresta. Utilizar, no máximo, cinco espécies, dentre elas, palmeiras. Retornar à sala de aula e iniciar a aula expositiva, identificando as principais características dendrológicas que eles conhecem, aproximando o conhecimento tradicional ao técnico-científico.

- 24 de maio de 2019

– Ficha dendrológica.

– Metodologia: aula expositiva. Apresentar uma ficha dendrológica e explicar sua elaboração.

– Avaliação: para fixar os conhecimentos adquiridos ao longo da semana, elaborar uma ficha dendrológica para cada espécie observada durante a caminhada realizada no dia anterior.

# CONSIDERAÇÕES DA PROFESSORA

O desempenho dos discentes ao longo do primeiro módulo foi o principal motivador de todo esforço e sacrifício enfrentados. Alguns se destacam pela dedicação, pelo capricho e pelo empenho durante as aulas e na realização das atividades propostas. Criatividade, perspicácia e inteligência são alguns dos adjetivos que qualificam os estudantes Jarawara. Os estudantes não impõem dificuldades nem reclamam das situações e obstáculos enfrentados para estudar.

**DISCIPLINA MATEMÁTICA APLICADA**

Prof.ª Dr.ª Alessandra de Souza Fonseca (*Manira*)
Carga horária: 40h
Período: 19 a 23 de agosto; 9 a 13 de setembro de 2019

Data : 10/0

: a marinais da silva Jarawar

ssma: Alebrandica maniva

Atividade

Círculo
ANEL
Caroço de Tucumã

retângulo

circulo    losango    Triângulo

# NESSA DISCIPLINA FORAM ESTUDADOS CONCEITOS MATEMÁTICOS APLICADOS, DIALOGANDO-SE COM OS SABERES TRADICIONAIS DA CULTURA JARAWARA

- A matemática no cotidiano Jarawara e suas aplicações;

- Raciocínio lógico e quantitativo associados às operações básicas;

- Metodologias de contagem para o povo Jarawara;

- Unidade de medidas tradicionais (não convencionadas pelo S.I.) e convencionais: medidas de tempo, comprimento, superfície e volume;

- Regra de três;

- Porcentagem.

# OS NÚMEROS E SEUS NOMES

Pela tradição oral da cultura indígena e, sendo o nome dos números na língua Jarawara por vezes muito extenso, os discentes decidiram juntos, em sala de aula, renomear os números baseando-se na língua portuguesa, utilizando o alfabeto na língua materna.

| NÚMERO | NOME POR EXTENSO, PORTUGUÊS | NOME POR EXTENSO, JARAWARA | NOME POR EXTENSO, PORTUGUÊS-JARAWARA |
|---|---|---|---|
| 0 | Zero | Hinita | Sero |
| 1 | Um | Ohari | Oo |
| 2 | Dois | Fama | Toi / Towi |
| 3 | Três | Fama ohari | Terei |
| 4 | Quatro | Fama fama | Kowato |
| 5 | Cinco | Eyekahari | Siko |
| 6 | Seis | Eyekahari ohari | Sei |
| 7 | Sete | Eyekahari fama | Seti |
| 8 | Oito | Eyekahari fama ohari | Owito |
| 9 | Nove | Eyekahari fama fama | Nofi |
| 10 | Dez | Ohari hinita | Tei |
| 20 | Vinte | Fama hinita | Fiti |
| 30 | Trinta | Fama Ohari hinita | Tita |
| 40 | Quarenta | Fama fama hinita | Kowareta |
| 50 | Cinquenta | Eyekahari hinita | Sikoweta |
| 60 | Sessenta | Eyekahari ohari hinita | Seseta |
| 70 | Setenta | Eyekahari fama hinita | Seteta |
| 80 | Oitenta | Eyekahari fama ohari hinita | Oiteta |
| 90 | Noventa | Eyekahari fama fama hinita | Nofeta |
| 100 | Cem | Ohari hinita hinita | See |

As operações matemáticas, principalmente multiplicação e divisão, foram trabalhadas em sala de aula, a partir de dinâmicas em grupo, utilizando-se recursos didáticos presentes na *tabora*: gravetos, sementes, folhas e papel.

# AS FORMAS GEOMÉTRICAS FORAM RECONHECIDAS E IDENTIFICADAS, OBSERVANDO A PRÓPRIA *TABORA*, ALDEIA

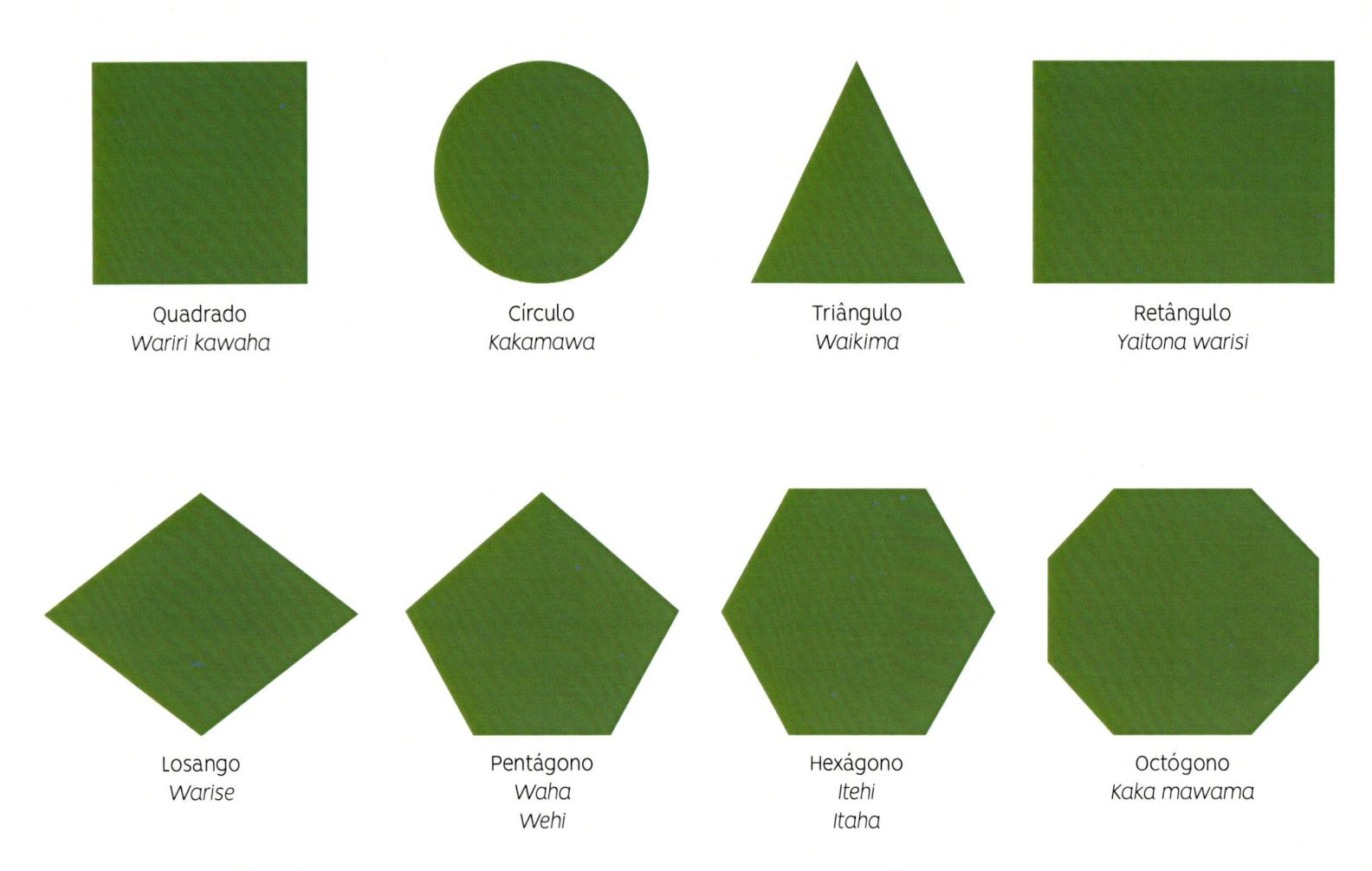

Quadrado
*Wariri kawaha*

Círculo
*Kakamawa*

Triângulo
*Waikima*

Retângulo
*Yaitona warisi*

Losango
*Warise*

Pentágono
*Waha*
*Wehi*

Hexágono
*Itehi*
*Itaha*

Octógono
*Kaka mawama*

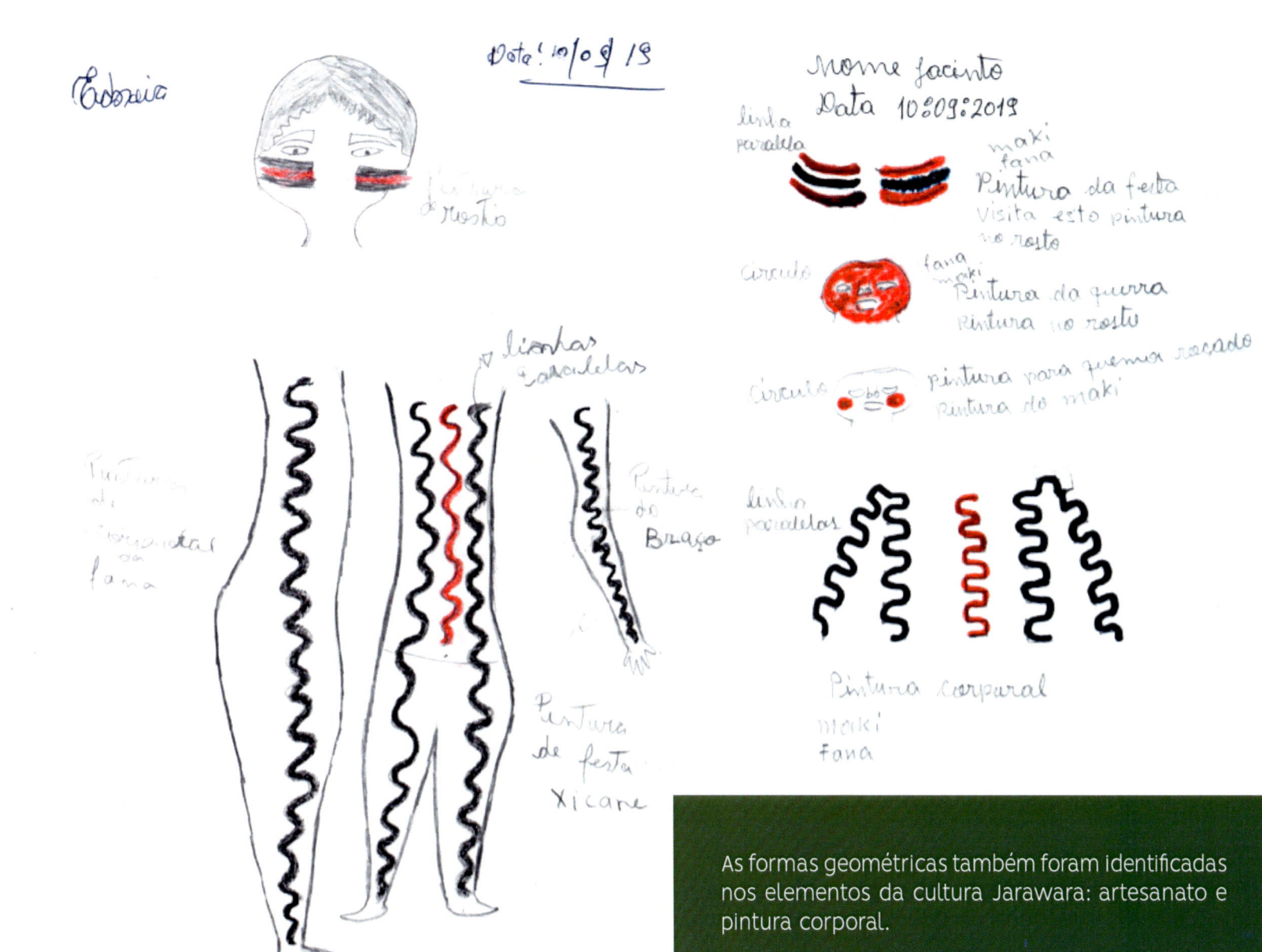

As formas geométricas também foram identificadas nos elementos da cultura Jarawara: artesanato e pintura corporal.

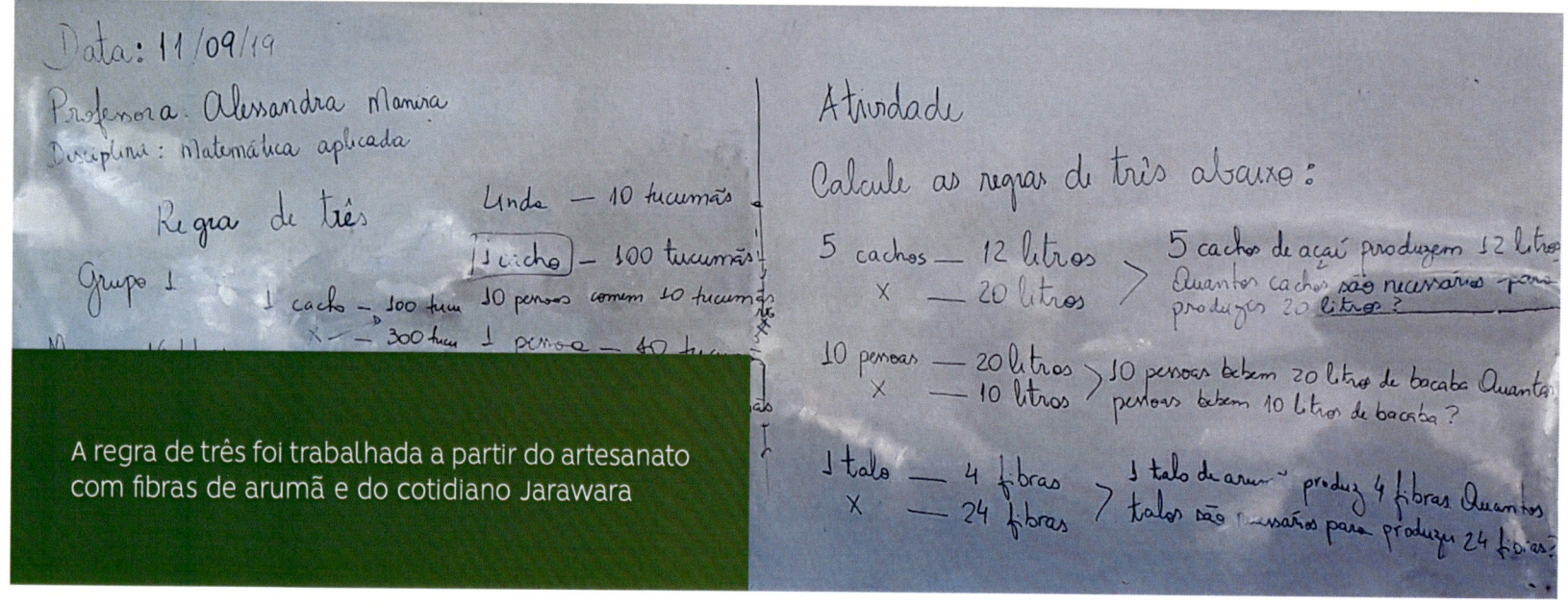

A regra de três foi trabalhada a partir do artesanato com fibras de arumã e do cotidiano Jarawara

# RELATÓRIO DE ATIVIDADES

- 19 de agosto de 2019

– Planejamento com os estudantes mediadores dentro da aldeia Casa Nova, na Terra Indígena Jarawara/Jamamadi/Kanamati.

- 20 de agosto de 2019

– Os números e o sistema de medição Jarawara: como os Jarawara usam matemática no dia a dia (calcular, medir, ordenar, contar, saber a hora, fazer artesanato).

Atividade avaliativa: escreva em português e Jarawara o nome dos números de 0 a 100. Trabalho em equipe de três pessoas. Fazer o trabalho no caderno.

- 21 de agosto de 2019

– As operações básicas: soma, subtração e multiplicação.

Atividade avaliativa: escrever no caderno a tabuada de multiplicação da casa de 1 até 8.

- 22 de agosto de 2019

– As operações básicas: multiplicação e divisão.

– Atividade avaliativa: exercícios das operações matemáticas básicas, soma, subtração, multiplicação e divisão.

- 23 de agosto de 2019

– Resolução dos exercícios propostos na aula anterior.

– As formas geométricas: círculo, triângulo, quadrado, retângulo, losango, pentágono, hexágono e octógono.

Atividade avaliativa: *sibani*. Cada estudante vai observar a *tabora* (aldeia) e desenhar no caderno as formas geométricas que encontrar. Escrever o nome das formas em Português e Jarawara.

- 9 de setembro de 2019

– Planejamento com os estudantes mediadores dentro da aldeia Casa Nova, na Terra Indígena Jarawara/Jamamadi/Kanamati. Nesse momento, foram decididos, junto aos estudantes, quais temas deveriam ser revisados, para relembrar os conceitos estudados na alternância anterior.

- 10 de setembro de 2019

– Aula prática: as formas geométricas e a cultura Jarawara.

- 11 de setembro de 2019

– Aula prática: regra de três na produção do artesanato Jarawara com fibras de arumã.

- 12 de setembro de 2019

– Aula prática: regra de três no cotidiano Jarawara.

- 13 de setembro de 2019

– Porcentagem.
– Representação gráfica.

# CONSIDERAÇÕES DA PROFESSORA

Os estudantes apresentaram muitas dificuldades em escrever, por extenso, o nome dos números na língua Jarawara, visto que só possuem nome na língua os números até 10. Utilizando o alfabeto Jarawara, reescreveram o nome dos números baseados na língua portuguesa. Apresentaram, ainda, muita dificuldade em compreender a operação de multiplicar, principalmente as casas dos números 4, 6 e 7. Trabalhamos em sala de aula até a casa do 11. Para trabalhar a operação de divisão, utilizou-se dinâmica em grupo com recursos encontrados na própria aldeia: gravetos, sementes, folhas e papel. A atividade proposta no final da primeira alternância (*sibani*), em 23 de agosto, foi encerrada em sala de aula no início da segunda alternância (9 de setembro), pois não haviam a compreendido. As figuras geométricas foram reconhecidas e identificadas pelos discentes, no artesanato e pintura corporal que produzem. Para compreender a regra de três, foram realizadas dinâmicas em sala de aula com a produção, controlada matematicamente, de paneiros de arumã. Além disso, utilizaram a regra de três para estimar produção e consumo de vinho de açaí, bem como de consumo de óleo 2T e combustível necessários para o deslocamento aldeia--Lábrea sede e vice-versa.

# DISCIPLINA ELABORAÇÃO DE RELATÓRIOS E PROJETOS

Prof.ª Dr.ª Claudina Azevedo Maximiano (*Neme Boniraha*)

Carga horária: 40 h

Período: 22 a 26 de abril; 3 a 7 de junho de 2019

# PESQUISA = A PROCURAR, BUSCAR!!

Para os Jarawara, pesquisar é fazer *sibani*. Buscar, procurar algo que a gente não sabe.

A pesquisa (*sibani*) leva a descobrir algo que não sabemos, ou queremos encontrar.

## PARA FAZER *SIBANI* NA ESCOLA, NO IFAM É PRECISO PERCORRER UM CAMINHO (*HAWI*), QUE É CHAMADO DE PROJETO. AO LONGO DO PROJETO (*HAWI*) VAMOS DANDO ALGUNS PASSOS.

1. Ter um problema de pesquisa (*sibani*) – O que vamos pesquisar?

2. Fazer uma justificativa – Por que queremos pesquisar?

3. Ter objetivos – Para que pesquisar?

4. Metodologia – Como vamos pesquisar?

5. Cronograma – Quanto tempo eu tenho para realizar a pesquisa?

6. Referências bibliográficas – Quais livros ou textos vou utilizar?

Linhas de pesquisa (*sibani*) de acordo com o PGTA da Terra Indígena Jarawara/Jamamadi/Kanamati

# SIBANI 1

## GESTÃO TERRITORIAL

Como cuidar da Terra Indígena:
Vigilância;
Acordos do PGTA;
Etnomapeamento.

# SIBANI 2

## GESTÃO DE DIREITOS SOCIAIS E DA ORGANIZAÇÃO

Conhecer os direitos indígenas e o movimento indígena.
Direitos e Políticas i indígenas e indigenista;
Como funciona o movimento indígena.

# SIBANI 3

## GESTÃO DO DESENVOLVIMENTO SUSTENTÁVEL

A produção Jarawara; o que produzimos para nosso uso e sustento e o que vendemos.

Extrativismo;
Produção agrícola;
Artesanato;
Conhecimentos tradicionais.

# GRUPOS DE TRABALHO

**Sibani 1:** Milton, Joel, Luciano, Mariza, Maira, Daniel, Josimar, Marineis

**Sibani 2:** Tatiago, Edson, Edir, Jurivaldo, José Manoel, Jacinto, Edilson, Andrelina

**Sibani 3**: Linda, Pedro, Edneia, Jaqueline, Eliety, Valdemiro

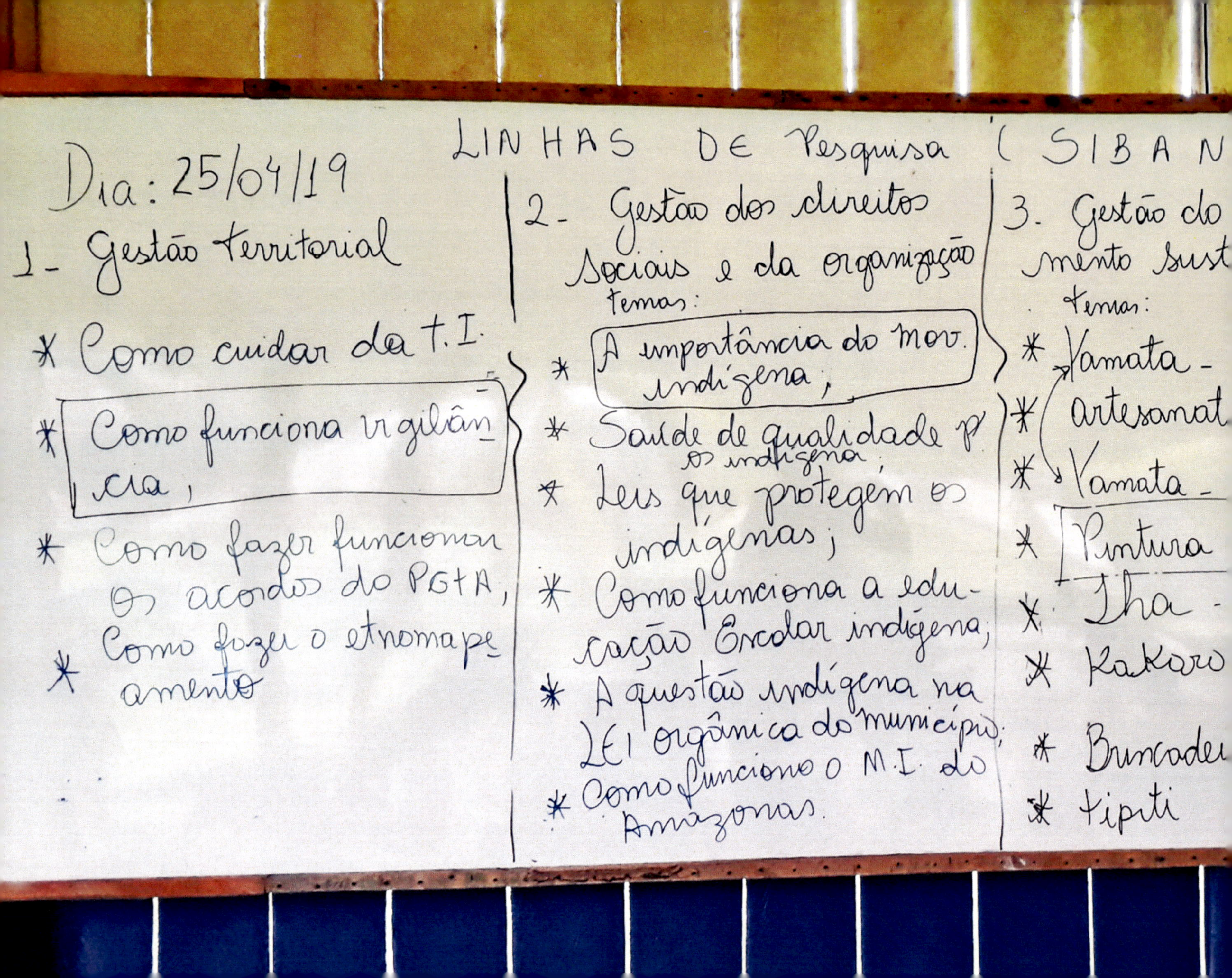

**LINHAS DE Pesquisa** ( SIBAN

Dia: 25/04/19

**1- Gestão territorial**

* Como cuidar da T.I.
* Como funciona vigilância,
* Como fazer funcionar os acordos do PGTA,
* Como fazer o etnomapeamento

**2- Gestão dos direitos sociais e da organização**

temas:

* A importância do mov. indígena;
* Saúde de qualidade p os indígena;
* Leis que protegem os indígenas;
* Como funciona a educação Escolar indígena;
* A questão indígena na LEI orgânica do município;
* Como funciona o M.I. do Amazonas.

**3. Gestão do mento sust**

temas:

* Yamata -
* Artesanat
* Yamata -
* Pintura
* Iha -
* Kakaro
* Brincade
* Tipiti

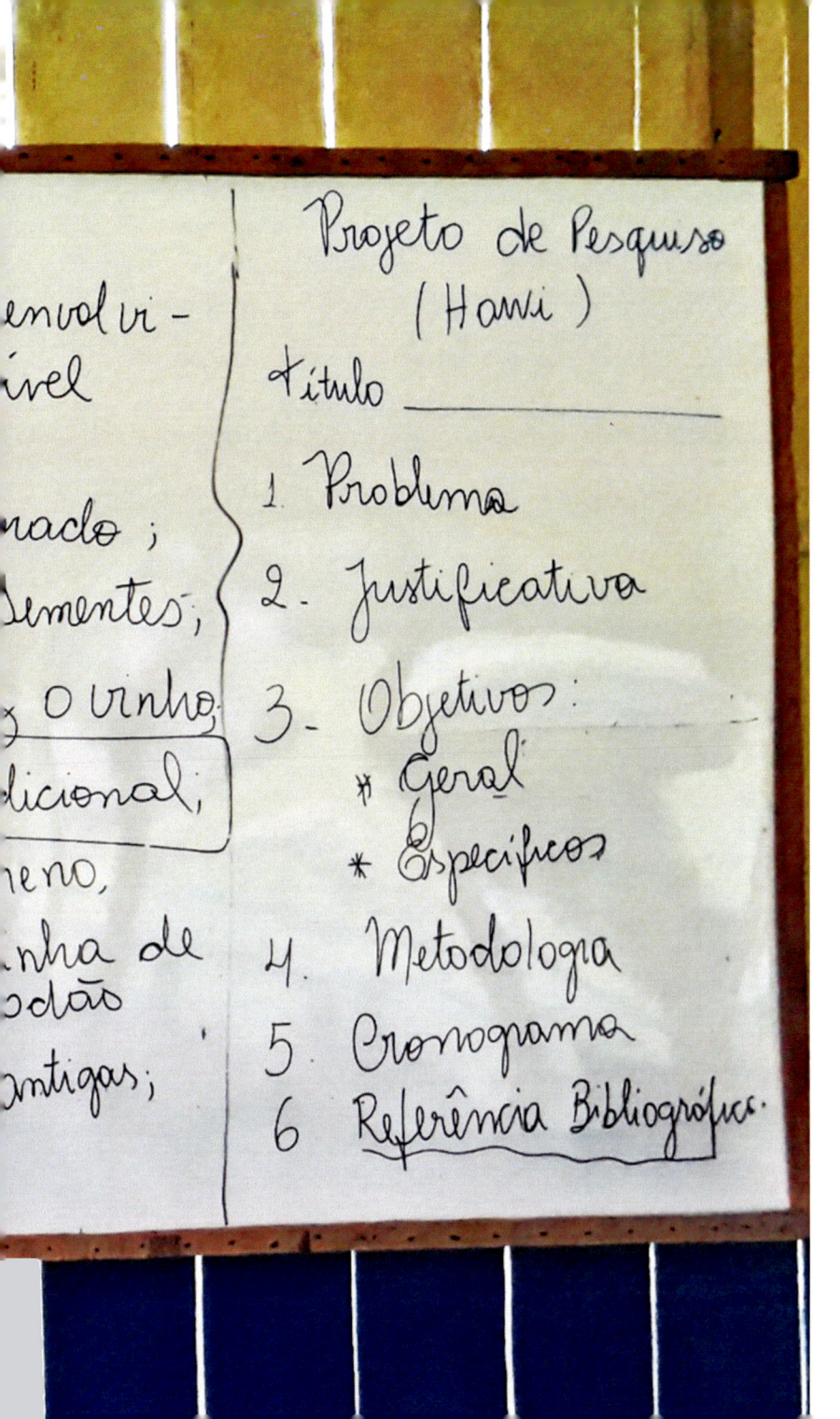

# PLANEJAMENTO

22/4/19 – Planejamento com os alunos mediadores.

23/4/19 – A pesquisa (*sibani*) – investigação/descoberta; projeto – caminho (*Hawi*) – Dinâmica procura de um caroço de tucumã.

24/4/19 – O projeto (*hawi*) – passos: problema; justificativa, objetivos; metodologia; cronograma; bibliografia.

25/4/19 – Dinâmica: procurando o caroço do tucumã no campo de futebol – revisão dos passos do *hawi*. Apresentação das linhas de pesquisa. Dinâmica: caminhada pelo *hawi* do *fara bite*.

26/4/19 – As linhas de pesquisa: Gestão Territorial; Gestão em direitos sociais e organização e Gestão em desenvolvimento sustentável. Discernimento para escolha da linha. Trabalho em grupo: exercício de identificação de um problema de pesquisa; início da construção de alguns elementos do projeto (problema, justificativa e objetivos).

## OBSERVAÇÕES

Ao longo das aulas, descobrimos que os Jarawara fazem pesquisa, *sibani*. Para fazer *sibani*, é preciso percorrer um caminho (*hawi*), como denominamos o conceito de projeto de *sibani*.

As linhas de pesquisa que iremos utilizar para o desenvolvimento das *sibani* de conclusão de curso, de acordo com o projeto do curso técnico em Florestas para o Povo Jarawara, serão as que foram desenvolvidas ao longo do PGTA da Terra Indígena Jarawara/Jamamadi/Kanamati. Sendo elas: Gestão

Territorial; Gestão em Direitos Sociais e Organização e Gestão em Desenvolvimento Sustentável.

Durante a disciplina, foram elencados alguns possíveis temas de pesquisa para cada linha:

> Foi desafiador trabalhar a disciplina, muita abstração. Como entender a ideia de projeto? O que é realmente pesquisa?

> Com muito esforço, conseguimos de forma muito coletiva, muitas ideias, muitas idas e voltas. Foi difícil, porém o esforço dos alunos foi fundamental para o sucesso da disciplina.

## SIBANI 1

- Cuidado com a T. I.;
- Vigilância;
- Acordos do PGTA;
- Etnomapeamento.

## SIBANI 2

- Movimento indígena;
- Movimento indígena do Amazonas;
- Saúde;
- Educação Escolar Indígena;
- Lei Orgânica do Município.

## SIBANI 3

- Yamata : colorado; vinhos;
- Iha;
- Artesanato;
- Pintura tradicional;
- Kakaru (linha de algodão);
- Brincadeiras antigas;

Fizemos um primeiro exercício de construção de um projeto, destacando o tema, o problema, a justificativa, os objetivos e refletindo sobre o título. Na próxima etapa da disciplina, discutiremos a questão da metodologia de pesquisa, o cronograma, a referência e a definição dos possíveis temas de pesquisa.

# PESQUISAR É PROCURAR...
# É FAZER SIBANI!

# PROJETO (HAWI)

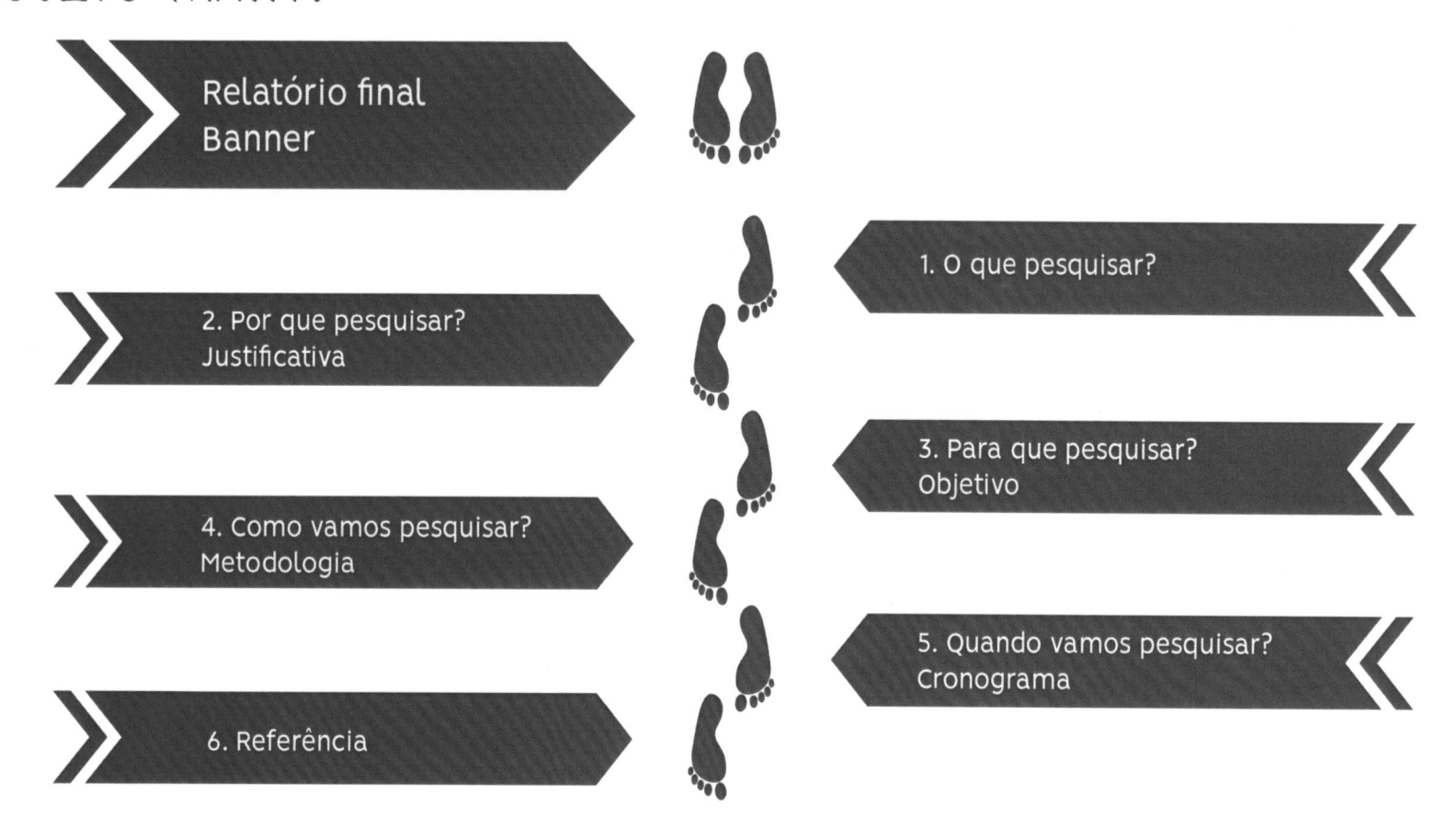

- Relatório final Banner
- 1. O que pesquisar?
- 2. Por que pesquisar? Justificativa
- 3. Para que pesquisar? Objetivo
- 4. Como vamos pesquisar? Metodologia
- 5. Quando vamos pesquisar? Cronograma
- 6. Referência

# NÃO PODEMOS SAIR DO HAWI (PROJETO).

CASO SAIA DO CAMINHO, VAMOS FICAR PERDIDOS E NÃO VAMOS FAZER A *SIBANI*.

*O Hawi do Tucumã (Hasabono) foi um exercício para buscar compreender a ligação entre o projeto (Hawi) e o relatório final.*

# RELATÓRIO DA PESQUISA TUDO QUE O JARAWARA SIBANI (PESQUISOU)

## VAMOS ESCREVER?

1. Título: nome do *hawi*. Tem que ser bem bonito!!

2. Resumo: última coisa a ser escrita. Tem que ter um pouquinho (*bite*): do título. Objetivo geral do *hawi*. Metodologia. Resultado e discussões. Considerações finais.

3. Introdução: fala sobre a importância da pesquisa (*sibani*), sobre os problemas da pesquisa.

4. Metodologia:

   a. Deve dizer como foi feita a *sibani*;
   b. Como foi que consegui coletar os dados (informações);
   c. Falar sobre os equipamentos utilizados.

5. Resultados e Discussão.

6. Considerações finais:

O mais importante da *sibani*. O que eu coloquei no resultado e eu devo mostrar aqui. O que eu aprendi.

O que eu descobri!

Agradecimentos: ao Povo Jarawara; aos professores; ao IFAM; à FUNAI e outros.

Referências os livros e artigos que eu li. Tem que colocar o nome do autor de forma correta. Lembrar como fizermos na aula, com os livros que encontramos na escola.

# EXEMPLO DE RELATÓRIO FINAL

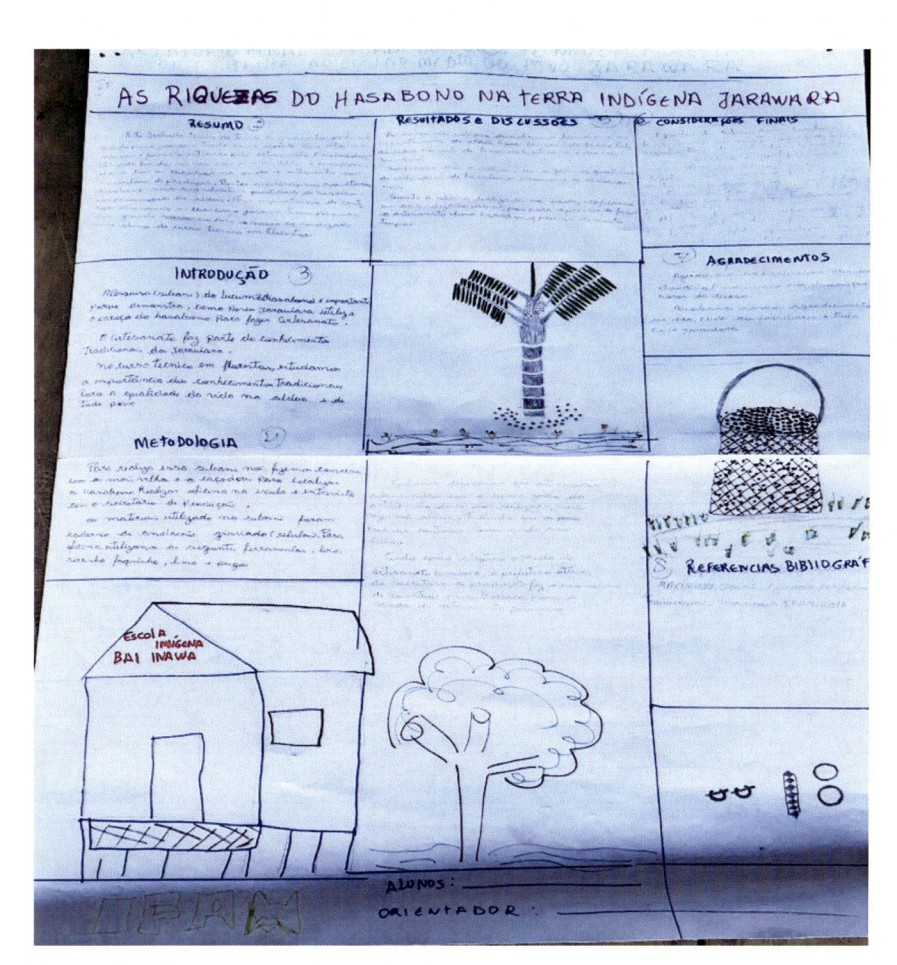

Vamos fazer nossa *sibani* de forma coletiva, vamos pesquisar em grupo!!!

# CONSIDERAÇÃO DA PROFESSORA

A construção dessa disciplina partiu da construção do conceito de pesquisa para o Povo Jarawara. Esse entendimento foi de fundamental importância para todo o trabalho realizado ao longo da disciplina. Considerando que a disciplina tem um caráter abstrato, a ideia foi aproximar os conceitos da realidade dos Jarawara.

Iniciamos os trabalhos procurando caroços de tucumã (*hasabono*). Foi uma dinâmica muito divertida. Brincando, aproxima-mo-nos da ideia de *sibani*. E fechamos o conceito de pesquisa para os Jarawara. Fazer pesquisa é fazer *sibani*.

Considero significativo apontar esse processo, pois foi por meio dessa dinâmica que conseguimos iniciar o processo ensino e aprendizagem sobre a construção de um projeto de pesquisa e a construção de um relatório final que, no caso do curso de Florestas para o Povo Jarawara, será um Banner.

# CONSIDERAÇÕES SOBRE A EXPERIÊNCIA DAS DOCENTES

# O PRIMEIRO DESAFIO FOI REALIZADO, INICIAR O CURSO

Um curso técnico em Florestas para um povo indígena, cujos alunos possuem pouca fluência em língua portuguesa associado a não experiência dos docentes com relação à educação escolar indígena. Eis os desafios! Aventuramo-nos a "caminhar" com os Jarawara, partir de uma construção conjunta mediada pela professora Claudina A. Maximiano, antropóloga, que foi ajudando, aos poucos, a pensar propostas metodológicas em diálogo com as perspectivas e os princípios da educação escolar indígena.

A convivência com os alunos possibilitou a troca, o diálogo, que resultou na experiência apresentada nesse portfólio. Todas as aulas iniciam com um encontro-planejamento, com os dois alunos mediadores, Jacinto e Joel Jarawara, ambos professores indígenas. No primeiro dia, os principais conceitos da disciplina são apresentados e discutidos com os alunos mediadores.

Os alunos mediadores iniciam o processo de aproximação entre a língua Jarawara e a língua portuguesa. Esse processo é continuado ao longo das aulas, pois o processo reflexivo de entendimento continua com toda a turma, até que haja uma compreensão coletiva do conteúdo.

A cada disciplina, vai criando-se de forma conjunta (professor-alunos) a metodologia de trabalho na aldeia. Cada professor, a partir da especificidade de sua disciplina, vai, junto aos alunos, construindo as possibilidades de trabalho. O recurso de imagem tem sido um apoio importante nessa construção. As sínteses a partir de desenhos têm sido uma estratégia importante no processo ensino-aprendizagem.

# REFERÊNCIAS

ALMEIDA, A. W. B. de. Apresentação. *In*: SHIRAISHI NETO, J. (org.). **Direito dos povos e das comunidades tradicionais no Brasil**: declarações, convenções internacionais e dispositivos jurídicos definidores de uma política nacional. Manaus: UEA, 2007. p. 9-17.

AMADO, Luiz Henrique Eloy. TERRA INDÍGENA e legislação indigenista no Brasil. **Cadernos de Estudos Culturais**, v. 7, p. 55-77, 2015.

BAVARESCO, Andréia; MENEZES, Marcela. **Entendendo a PNGATI**: Política Nacional de Gestão Territorial e Ambiental Indígenas. Brasília: GIZ/Projeto GATI/FUNAI, 2014. 90p.

BRASIL. [Constituição (1988)]. **Constituição Federal de 1988**. Brasília, 1988.

D'AMBROSIO, U. **Da realidade à ação**: reflexões sobre educação e matemática. Campinas: Unicamp, 1986.

DANTE, L. R. **Matemática** (coleção do 1° ao 5° ano). São Paulo: Ática, 2013.

DEL-CLARO, K.; TOREZAN-SILINGARDI, H. M. **Ecologia das interações plantas-animais**. Rio de Janeiro: Editora Technical Books, 2012. 336p.

EAGLETON, Terry. **A ideia de cultura**. 2. ed. São Paulo: Editora Unesp, 2011.

FUNDAÇÃO NACIONAL DO ÍNDIO; DIRETORIA DE PROTEÇÃO TERRITORIAL; COORDENAÇÃO GERAL DE MONITORAMENTO TERRITORIAL; GIZ (org.). **Monitores Territoriais Indígenas**: programa de Capacitação em proteção Territorial. Brasília: FUNAI/GIZ, 2015. 162p.

GIL, Antônio Carlos. **Métodos e técnicas de pesquisa social**. 4. ed. São Paulo: Editora Atlas, 1995.

GRESSLER, L. A. **Introdução à Pesquisa** – projetos e relatórios. 3. ed. São Paulo: Loyola. 2007.

GONÇALVES, E. G.; LORENZI, H. **Morfologia Vegetal**: Organografia e Dicionário Ilustrado de Morfologia das Plantas Vasculares. Nova Odessa: Editora Instituto Plantarum, 2007. 413 p.

IMENES, L.M.; LELLIS, M.; MILANI, E. **Projeto Presente Matemática** (coleção do 1° ao 5° ano). São Paulo: Moderna, 2013.

MARCON, J. L.; MENIN, M. **Biodiversidade Amazônica** – Caracterização, Ecologia e Conservação. 1. ed. Manaus: Editora UFAM, 2012. 372p.

MARTINS, S. V. **Ecologia de Florestas Tropicais do Brasil**. 2. ed. Viçosa: Editora UFV, 2012. 371 p.

SOUZA, V. C.; FLORES, T. B.; LORENZI, H. **Introdução à Botânica**. Nova Odessa: Editora Plantarum, 2013. 224 p.

SOUZA, V. C.; LORENZI, H. **Botânica sistemática**: guia ilustrado para identificação das famílias de Fanerógamas nativas e exóticas no Brasil, baseado em APG III. 3. ed. Nova Odessa: Instituto Plantarum, 2012. 768 p.

VILLARES E SILVA, Luiz Fernando (org.). **Coletânea da Legislação Indigenista Brasileira**. Brasília: CGDTI/FUNAI, 2008.

YAWITA, Abono. **Ota taboro te kakatomahi** – Plano de Gestão Territorial e Ambiental Jarawara e Apurinã / Povos Jarawara, Apurinã (Escondido) e Paumari (Mabideri). –Brasília, DF: FUNAI, 2020.